KB007632

파닉스
Phonics
Phonics
Phonics

파닉스 Phonics

초판 1쇄 발행 2019년 10월 17일
초판 5쇄 발행 2021년 1월 21일

지은이 니콜(정휴정)
발행인 임충배
홍보/마케팅 양경자
편집 김민수
디자인 정은진
펴낸곳 도서출판 삼육오(PUB.365)
제작 (주)피앤엠123

출판신고 2014년 4월 3일
등록번호 제406-2014-000035호

경기도 파주시 산남로 183-25
TEL 031-946-3196 / FAX 031-946-3171
홈페이지 www.pub365.co.kr

ISBN 979-11-90101-13-4 [12740]

이 도서의 국립중앙도서관 출판예정도서목록(CIP)은 서지정보유통지원시스템 홈페이지(http://seoji.nl.go.kr)와 국가자료공동목록시스템(http://kolis-net.nl.go.kr)에서 이용하실 수 있습니다. (CIP제어번호: CIP2019035646)

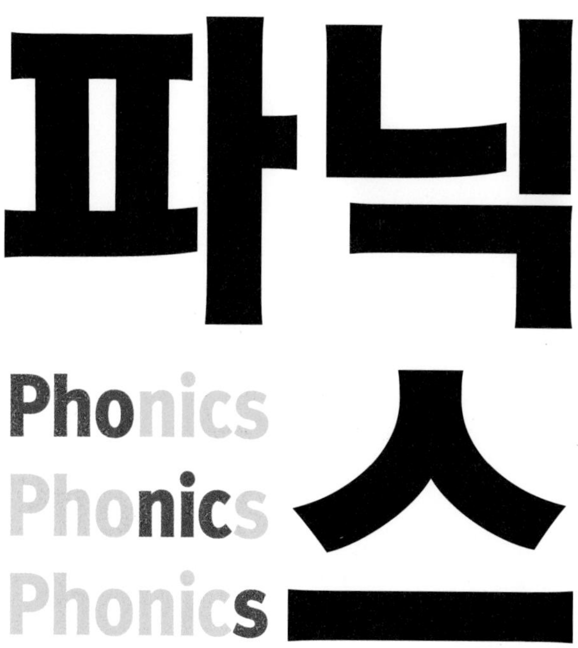

저자 니콜

Pub.365

저자의 말

성인을 위한 파닉스 책을 쓰겠다고 생각한 건 아주 오래 전 일이었습니다.

아이들에게 영어를 가르치면서 파닉스 교육의 효과를 톡톡히 봤거든요. 글자가 조합되고 읽히는 원리를 알면 소위 '영어 왕초보' 성인들도 어렵지 않게 영어 단어와 문장을 읽고, 따라서 영어가 조금 더 쉬워지지 않을까 하는 생각에 책을 쓰기 시작했어요. 그게 2017년이었습니다.

책을 쓰는 3년 동안 이 책은 여러 번 모습을 바꾸었습니다. 처음에는 아이들에게 가르치는 것처럼 상세하게 내용을 채우기 시작했어요. 누구나 보면 쉽게 이해할 수 있는 자세하고 친절한 책을 원했어요. 그런데, 막상 쓰고 보니 오히려 내용이 너무 많아 답답해 보이더라고요.

이번에는 조금 '불친절한' 책으로 만들기로 했습니다. 간결하게 최소한의 내용만 담아, 독자 스스로 깨우치기를 바라면서요. 그런데, 파닉스부터 차근차근 영어를 배우려고 책을 집어 든 초급 학습자라면 간략한 내용에 오히려 혼란스러울 수 있겠더군요.

그렇게 거듭된 고민과 여러 번의 수정 끝에 드디어 절충점을 찾았습니다. 이 책은 파닉스를 통해 영어를 시작하려는 분들은 물론 파닉스를 터득해 영어 읽기와 이해에 더 많은 도움을 받고자 하는 분들 모두에게 도움이 될 수 있도록, 설명은 간단히 하되 꼭 필요한 파닉스의 원리를 명확하게 담았습니다.

'파닉스'란 글자와 소리와의 관계입니다. 아마도 거의 모든 분들이 'dog'라는 단어를 읽을 수 있을 거예요. 단어 자체가 눈에 익숙할 테니까요. 하지만 'dog'가 'd-o-g'라는 낱개의 글자들로 이루어졌으며 각 글자의 소리를 부드럽게 연결했을 때 우리가 아는 단어 'dog'의 발음이 된다는 원리를 알면, 비슷한 구조를 가진 'fog', 'frog', 'log', 'blog'등등의 단어들은 물론, 파생되는 단어들까지도 수월하게 읽어낼 수 있습니다. 즉, 각 글자와 그에 상응하는 소리를 배우고 글자들이 모여 단어가 조합되는 패턴을 알아 처음 보는 단어도 읽을 수 있다는 점이 파닉스의 큰 매력입니다.

한 번 제대로 익혀두면 영어 단어와 문장을 읽을 때 두고두고 적용할 수 있는 유용한 '기술(skill)'이 파닉스이며, 이를 통해 기초 읽기 실력도 크게 향상될 수 있습니다. 덤으로 어느 정도 발음 교정도 가능합니다. 영어의 모든 단어가 파닉스 규칙의 적용을 받는 것은 아니지만, 당장 이 책을 한 번만 훑어 보아도 금새 읽어낼 수 있는 단어의 양이 눈에 띄게 늘어날 거예요. 그리고 첫눈에 '소리 내어' '자신 있게' 읽을 수 있는 단어가 늘어갈수록 영어에 대한 어려움과 두려움도 조금씩 줄어들겠지요.

영어 단어를 읽을 때면 왠지 주저하게 되는 분들, 영어를 이제 배우기 시작한 영어 초급자 분들, 영어를 읽고 말할 수는 있는데 내 발음에 확신이 없는 분들. 이 책이 영어에 대해 고민 많은 여러분 모두를 위한 '파닉스 실용서'가 되었으면 하는 바람입니다.

영어를 보는 여러분의 눈, 귀, 입을 활짝 열어 드릴게요. 지금, 저와 함께 시작해요!

추천사

영어를 읽는다는 것은 단어를 보고 소리(sound)도 내고, 그 단어들이 합쳐진 문장과 문단의 의미(meaning)도 안다는 뜻입니다. 궁극적으로는 내용을 이해하는 것이 읽기이지만, 문헌을 구성하고 있는 단어를 소리 내지 못하면 의미를 잘 파악하지 못합니다.

예를 들어 세 사람에게 같은 분량의 같은 영어문장을 주고 읽게 한 뒤 시간을 재 각기 1분, 3분, 5분 걸렸다고 칩시다. 세 사람이 모두 처음부터 끝까지 다 읽었어도 1분 만에 읽은 사람이 내용을 제일 잘 압니다. 5분 걸려 읽은 사람은 빨리 읽지 못하는 단어가 많아 이를 읽어야 하는 문제에 매달리느라 미처 의미에 집중할 할 겨를이 없기 때문입니다.

그래서 학자들은 영어 학습자가 일정 시간이 지나도 영어가 향상되지 않으면 학습자의 파닉스를 점검하라고 합니다. 파닉스(phonics)란 글자를 보고 소리를 내는 훈련인데 그렇다고 c는 /k/, a는 /ā/, g는 /g/ 하는 식으로 글자와 소리 1:1 연습을 중시하지는 않습니다. 낱 글자 연습 보다는 단어를 보고 재빨리 자동적으로 읽기 위한 것이라 공통적인 소리 유형(pattern)을 찾아 단어들을 묶어 연습하게 합니다. 예를 들어 light, fight, sight, night를 잘 읽으면 우연히 plight를 보고 뜻은 몰라도 쉽게 읽습니다. 그러면 문맥 속에서 의미를 유추하는 데 집중할 수 있지요.

정휴정선생이 쓴 "파닉스"는 그런 점에서 참 반가운 책입니다. 시험 위주의 영어공부를 한 중・고생과 성인에게도 파닉스가 필요한데 파닉스는 어린이용 교재 밖에 없는 게 현실이라서요. 단어집과 독해 문제만 푼 사람들은 소리 내어 단어와 문장을 읽지 않고 영어를 학습해 의외로 단어를 유창하게 못 읽습니다. 그러다 보니 계속 노력을 기울여도 영어가 향상되지 않고, 소리 내는 데 자신이 없으니 말하기도 꽤나 힘들어 합니다.

그래서 어린이가 아니어도 파닉스 연습이 꼭 필요한데 이를 잘 인식하지 못하고 있어 안타까운 차, 바로 그 문제를 해결 하는데 도움되는 책이 나왔습니다. 이 책은 pattern을 찾아 단어를 놓고 그 단어로 문장을 만들어 놓았습니다. 큰 소리로 읽다 보면 그야말로 랩을 하는 기분이 들어요. 랩 가사는 각운 혹은 두운을 맞추는 영어사용자들의 재미있는 말 장난입니다.

어려서부터 구전 동요를 듣고 자라난 원어민들은 랩 같은 음운 맞추기(rhyme)를 무척 즐기는데 영어교육자들은 이를 파닉스 지도에 활용하고 있습니다. 뜻을 몰라도 소리가 재미있어 반복하게 되니 저절로 외워지는데 이는 지도 할 때 효과적이니까요. 그런데 어른은 이미 글자를 숱하게 봐왔기에 외우지 않아도 책의 처음부터 끝까지 큰 소리로 읽어만 봐도 효과가 있습니다.

정휴정선생은 13년 간 EBS에서 Nicole샘으로 활동하며 영어를 지도한 베테랑입니다. 오랜 세월 학습자들을 보면서 중, 고생과 성인들에게도 파닉스가 필요하다는 인식에서 수년 간 공을 들여 단어를 모으고, 문장을 만든 뒤 직접 일러스트까지 했습니다. 작은 책자이지만 일반 파닉스로 교재로는 여러 권짜리 시리즈가 될 양이 담겨 있습니다. 큰 소리로 문장을 읽다 보면 부수적으로 발음도 좋아지고, 나아가 말하기에 자신감도 생깁니다. 입을 열어 소리를 밖으로 내야 하는 연습이기 때문입니다.

이처럼 한 번은 꼭 정리하고 연습해야 하지만 소홀히 하는 것이 파닉스입니다. 교재로 묵독 위주 영어공부를 하신 분들, 그리고 아이의 영어교육에 관심이 커 아이와 함께 동화책을 읽는 부모님들께 특히 이 책으로 연습하시도록 권하고 싶습니다. "파닉스"를 랩처럼 흥얼거리면 읽기가 수월해지는 재미를 흠뻑 느끼시도록 그야말로 모두에게 추천합니다.

언어학 박사 **홍현주**

이렇게 구성했어요~

「파닉스」는 26개 영어 알파벳의 소리로 시작하여, 단모음 위주의 쉬운 단어에서 이중 자음·장모음·이중 모음 등의 발음 규칙이 포함된 더 복잡한 단어들을 읽을 수 있도록 가이드 합니다. 용어가 어렵게 느껴지나요? 용어는 모르셔도 됩니다. 책 순서대로 패턴을 하나씩 익힌다는 마음으로 도전하세요!

알파벳으로 시작

본격적인 학습에 앞서 Aa부터 Zz까지 글자들의 대표 소리를 알고 있는지 점검해 보세요. QR 코드를 스캔하면 각 알파벳과 대표 단어의 발음을 듣고 친절한 강의 영상도 시청할 수 있어요.

단모음

이제 '자음+모음+자음' 3글자로 이루어진 간단한 단어부터 읽어볼 거예요. 이미 각 글자의 소리를 알고 있으니 그 소리를 기억하며 부드럽게 이어서 발음하면 됩니다.

이중 자음

이어서 모음은 그대로 하나인데 앞뒤의 자음이 두 개로 늘어나 조금 더 복잡해 보이는 단어들에 도전해 볼게요. 이중 자음은 1) 각 자음의 소리를 모두 살려 부드럽게 연결하거나, 2) 둘 중 하나의 자음 소리만 남거나, 3) 전혀 다른 소리를 내기도 해요. 각각의 예시는 본문에서 상세히 다루었으니 복잡하겠다, 어렵겠다, 미리 걱정은 금물!

장모음 & 이중 모음

한 걸음 더 나아가 한 단어 안에 모음이 두 개 들어 있는 단어들을 읽어 볼까요? 두 개의 모음은 자음을 사이에 두고 떨어져 있을 수도, 서로 딱 붙어 있을 수도 있어요. 중요한 것은, 한 단어에서 모음이 두 개가 되면 모음의 소리가 달라진다는 점입니다. 일반적으로 두 모음 중 앞의 모음의 '이름' 대로 소리를 내고 뒤의 모음은 소리를 내지 않는 게 규칙이고요, 이렇게 자기 이름대로 소리 나는 모음을 '장모음'이라고 해요. 한편, 두 개의 모음이 모여 새로운 소리가 되기도 하는데 이런 이중 모음도 패턴별로 상세히 다루었습니다.

기타 패턴 및 규칙

그 외에도 모음 뒤에 자음 r이 붙어 모음의 소리가 바뀌는 경우, 자음 c와 g의 두 가지 소리와 규칙, 명사의 복수형 -s와 -es의 발음, 동사의 과거/과거분사형 어미 -ed의 세 가지 발음과 규칙 등 영어 읽기 및 발음의 기본이 되는 내용들을 충실히 담았습니다.

Sight Words (사이트 워드)

또 하나. 영어에는 빈출도가 높고 문장 구성에 필수적인 sight words(또는 high frequency words)라 불리는 단어들이 있어요. The, a, it, are, I, that, said, which 등이 모두 sight words랍니다. Sight words는 파닉스 규칙으로 읽을 수 없는 것들도 있고 의미보다는 기능이 중시되므로 눈과 입에 통째로 익혀 두는 것이 좋습니다. 이 책은 매 유닛마다 파닉스 패턴 단어에 sight words를 더하여 만든 문장을 수록하여, 단어 읽기에서 그치지 않고 문장 읽기에까지 도전할 수 있습니다.

이렇게 학습하세요~

파닉스 핵심 패턴 at

파닉스 패턴을 이루는 각 글자의 소리를 하나씩 천천히 소리 내어 본 후 이어서 부드럽게 연결하여 읽어 봅니다.

발음과 강의 듣기

QR코드를 스캔하면 해당 파닉스 패턴의 모든 음성과 선생님의 친절한 영상 강의까지 들을 수 있습니다. 절대 놓치지 마세요.

단어 읽기 s+at

파닉스 패턴 앞뒤에 글자를 더하면 의미를 가진 '진짜' 단어가 됩니다. 패턴 및 각 글자의 소리를 기억하며 단어를 읽어 보세요.

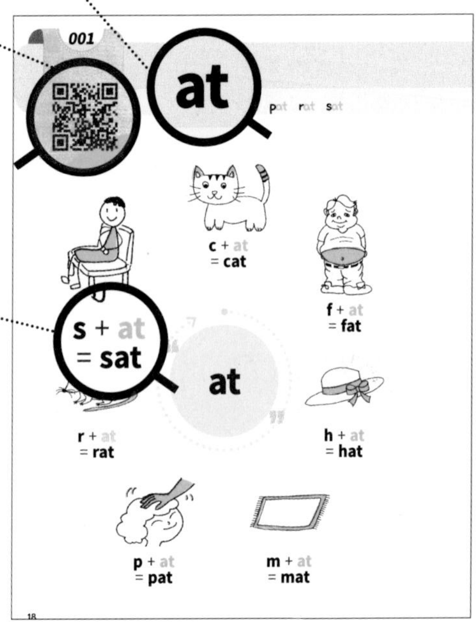

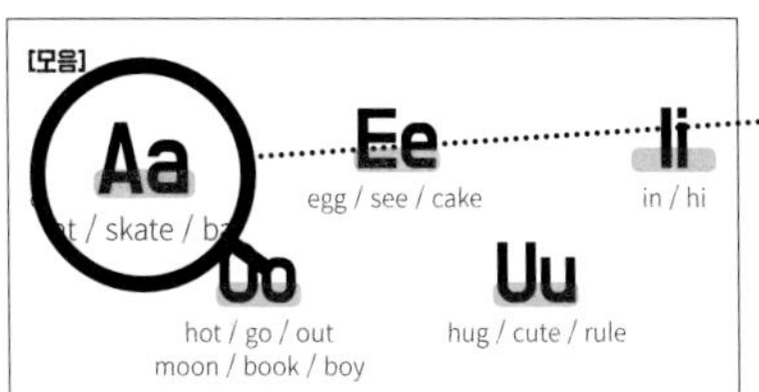

대표소리

Aa부터 Zz까지 알파벳 26 글자의 정확한 소리를 확인하세요.

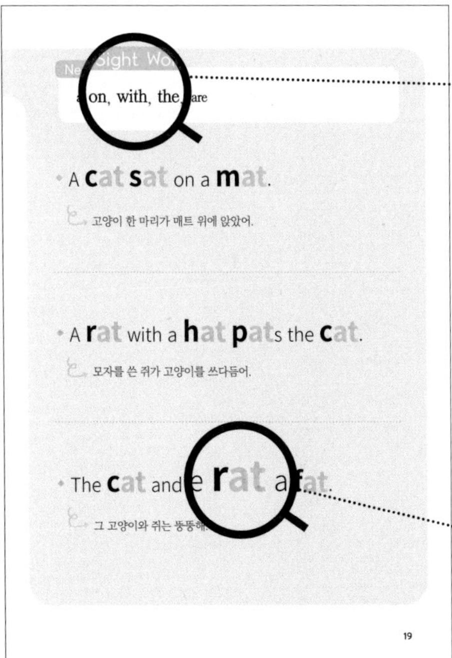

Sight words(사이트워드)

매 유닛의 문장 읽기를 도와줄 sight words를 확인하세요. 단어를 보고 바로 소리 내어 읽을 수 있는지에 집중합니다.

문장 읽기

파닉스 패턴 단어와 sight words로 이루어진 문장들을 '자신 있게' '소리 내어' 읽어 보세요.

목차

Chapter 1

읽기의 시작, 단모음 blending!

Chapter 2

따로 또 같이, 이중 자음

Chapter 3

'끝까지' 잘 발음하자!

Chapter 4

모음의 새시대, 장모음, 이중모음 & more!

Chapter 5

모음을 조종하는 보스, r!

Chapter 6

이것까지 알면 진짜 파닉스 다했다!

Index

Index

아는 ABC도 다시보자!

영어알파벳 26글자의 대표소리를
알고 있나요? 확인해 보세요!

[모음]

Aa
cat / skate / ball

Ee
egg / see / cake

Ii
in / hi

Oo
hot / go / out
moon / book / boy

Uu
hug / cute / rule

[자음]

Bb
bag

Cc
can / ice

Dd
dog

Ff
fan

Gg
game / page

Hh
hat

Jj	Kk	Ll
jam	king	like
Mm	Nn	Pp
man	not	pen
Qq	Rr	Ss
queen	red	**sad** / kids
Tt	Vv	Ww
top	van	win
Xx	Yy	Zz
six / xylophone	**yell** / why / happy	zip

용어 설명

단모음 : 단어 음절 내 모음이 하나일 때

장모음&이중모음 : 단어 음절 내 모음이 두 개 이상이거나 음절이 모음으로 끝날 때
두 모음은 붙어있을 수도, 떨어져 있을 수도 있음

단자음 : 자음 하나

이중 자음 : 자음 두 개가 붙어 있을 때. 두 자음의 소리가 모두 나기도 하고,
둘 중 하나의 자음 소리만 나거나 전혀 새로운 소리가 나기도 함

Chapter 1

읽기의 시작, 단모음 blending!

Unit 001 ~ 035

001. at
002. an
003. ap
004. ag
005. ad(d)
006. ab
007. am
008. ack
009. ig
010. it(t)
011. ip
012. id
013. in(n)
014. ick
015. og
016. op
017. ot
018. ob
019. od(d)
020. ock
021. en
022. et
023. ed
024. eg(g)
025. ell
026. eck
027. ub
028. ug
029. ut(t)
030. un
031. up
032. uck
033. -x
034. -s①
035. -s②

* Blending 이란?
단어를 구성하는 각 글자의 소리를
부드럽게 이어 읽는 것을 말해요.

at

cat fat hat mat pat rat sat

c + at
= cat

s + at
= sat

f + at
= fat

r + at
= rat

h + at
= hat

p + at
= pat

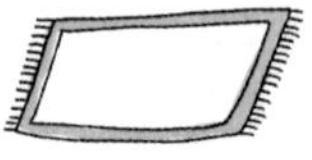

m + at
= mat

New Sight Words

a, on, with, the, and, are

- A cat sat on a mat.

고양이 한 마리가 매트 위에 앉았어.

- A rat with a hat pats the cat.

모자를 쓴 쥐가 고양이를 쓰다듬어.

- The cat and the rat are fat.

그 고양이와 쥐는 뚱뚱해.

an

can fan man pan ran tan van

c + an
= can

v + an
= van

f + an
= fan

an

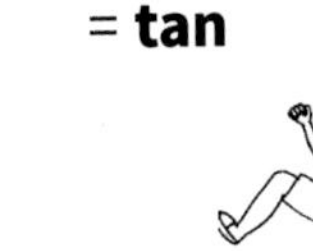

t + an
= tan

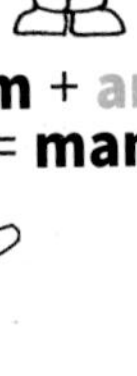

m + an
= man

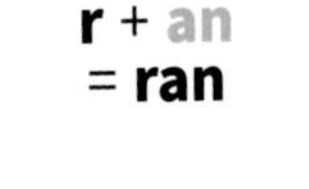

r + an
= ran

p + an
= pan

New Sight Words

has, there, in, we, to, get, it

- The **m**an with a **t**an has a **p**an.

태닝을 한 저 남자가 프라이팬을 갖고 있어.

- There are a **f**an and a **c**an in the **v**an.

승합차 안에 부채랑 캔이 있어.

- We **r**an to the **v**an to get it.

우리는 그것을 가지러 승합차로 달려갔어.

ap

cap lap map nap rap sap

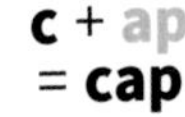

c + ap
= **cap**

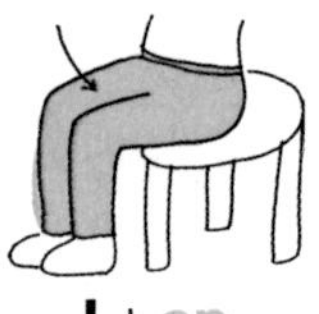

l + ap
= **lap**

s + ap
= **sap**

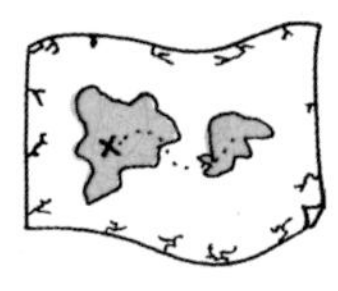

m + ap
= **map**

r + ap
= **rap**

n + ap
= **nap**

New Sight Words

is, good, can, I, need, find

- A **n**ap on a **l**ap is good.

  무릎 베고 낮잠 자는 거 좋지.

- The man with a **c**ap can **r**ap.

  모자 쓴 저 남자 랩 좀 하네.

- I need a **m**ap to find the **s**ap.

  수액을 찾으려면 지도가 필요해.

ag

bag nag rag tag wag

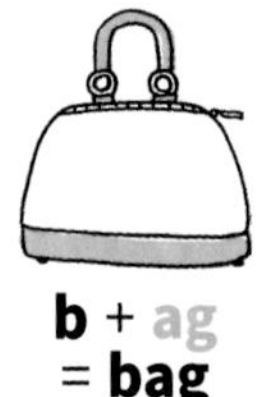

b + ag
= bag

w + ag
= wag

ag

n + ag
= nag

t + ag
= tag

r + ag
= rag

New Sight Words

do, not, have, about

- Cats do not **w**ag.

고양이는 꼬리 치지 않지.

- I have a **b**ag with a **t**ag.

나는 꼬리표가 달린 가방이 있어.

- Do not **n**ag about the **r**ag!

그 행주 가지고 잔소리 하지 마!

ad(d)

add bad dad lad mad pad sad

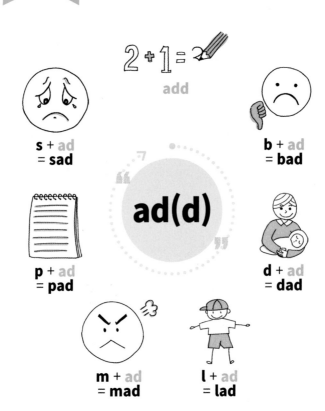

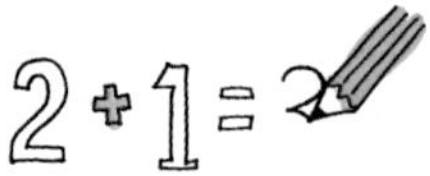

add

s + ad
= sad

b + ad
= bad

ad(d)

p + ad
= pad

d + ad
= dad

m + ad
= mad

l + ad
= lad

New Sight Words

was, at

- The bad lad is sad.

그 나쁜 녀석이 슬퍼하고 있어.

- Dad can add the pad.

아빠가 메모지를 추가로 넣으면 되잖아.

- Dad was mad at the bad lad.

아빠는 그 나쁜 녀석에게 화가 났어.

ab

cab / dab / fab / jab / lab / tab

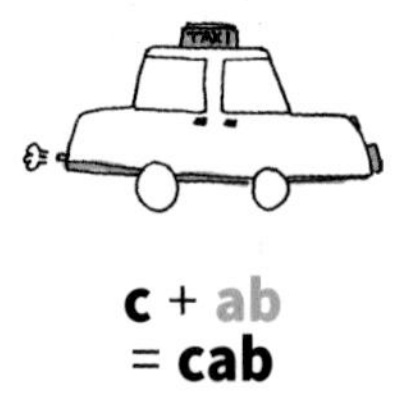

c + ab
= cab

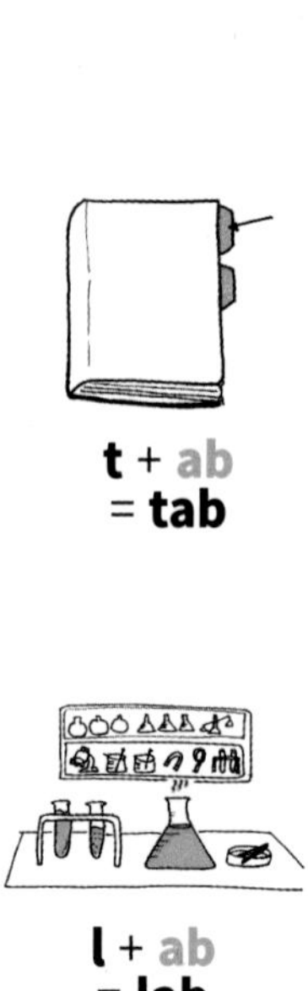

t + ab
= tab

d + ab
= dab

l + ab
= lab

f + ab
= fab

j + ab
= jab

New Sight Words

made, did, you

- **Dab** it on the **tab**.

그걸 그 색인표에 살살 발라봐.

- The **fab cab** was made in a **lab**.

그 멋진 택시는 실험실에서 만들어졌어.

- Did you **jab** the man in the **cab**?

네가 택시에 있는 그 남자를 쿡쿡 찔렀어?

am

b am d am h am j am r am y am

b + am
= **bam**

y + am
= **yam**

d + am
= **dam**

am

r + am
= **ram**

h + am
= **ham**

j + am
= **jam**

New Sight Words

like, put, just

- I like **j**am on a **y**am.

  난 마에다가 잼 발라 먹는 거 좋아해.

- Put the **h**am on the pan.

  프라이팬에다가 햄을 올려.

- **B**am! Did the cab just **r**am the **d**am?

  쾅! 지금 저 택시가 댐을 들이받은 거야?

008

ack

back pack rack sack tack

b + ack
= **back**

t + ack
= **tack**

ack

p + ack
= **pack**

s + ack
= **sack**

r + ack
= **rack**

New Sight Words

don't, oh, got, my

- I don't like to **p**ack.

나 짐 싸는 거 안 좋아해.

- Put the **s**ack on the **r**ack.

자루는 그 선반에 올려놔.

- Oh! I got a **t**ack in my **b**ack!

앗! 내 등에 압정이 꽂혀 있어!

ig

big dig fig jig pig wig

b + ig
= big

w + ig
= wig

d + ig
= dig

ig

p + ig
= pig

f + ig
= fig

j + ig
= jig

New Sight Words

out

- The big pig can dig.

저 큰 돼지가 땅을 잘 파네.

- I can jig with the wig on.

나는 가발 쓰고 춤 잘 춰.

- Dig out the big fig.

그 큰 무화과를 파내.

010

it(t)

bit fit hit kit mitt sit

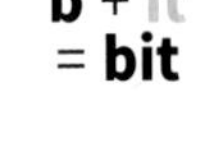

b + it
= **bit**

s + it
= **sit**

f + it
= **fit**

it(t)

m + itt
= **mitt**

h + it
= **hit**

k + it
= **kit**

New Sight Words

does, or, as

◆ Do not **s**it on the **m**itt.

장갑 위에 앉지 마.

◆ Does it **f**it or is it a **b**it big?

그거 딱 맞아 아니면 좀 커?

◆ I **h**it the **k**it as I ran out.

내가 달려 나가다가 그 키트를 쳤어.

011

ip

dip hip lip rip sip tip zip

d + ip
= **dip**

z + ip
= **zip**

h + ip
= **hip**

ip

t + ip
= **tip**

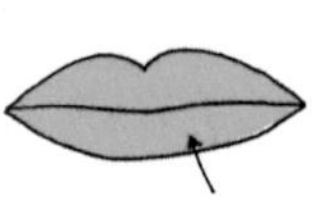

l + ip
= **lip**

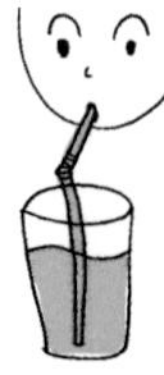

s + ip
= **sip**

r + ip
= **rip**

New Sight Words

for

- Rip the zip!

그 지퍼 뜯어버려!

- Tip it and have a sip.

그걸 기울여서 조금 마셔.

- I hit my lip and hip as I ran for a dip.

수영하러 뛰어가다 입술이랑 엉덩이를 부딪혔어.

012

id

bid hid kid lid rid

b + id
= bid

id

r + id
= rid

h + id
= hid

l + id
= lid

k + id
= kid

New Sight Words

of, under, not

- Did you get **r**id of the **l**id?

너 그 뚜껑 버렸어?

- The **k**id **h**id under the **l**id.

그 꼬마는 뚜껑 아래에 숨었어.

- I did not **b**id for you. I did it for the **k**id.

널 위해 입찰한 게 아니야. 그 꼬마를 위해서 한 거야.

013

in(n)

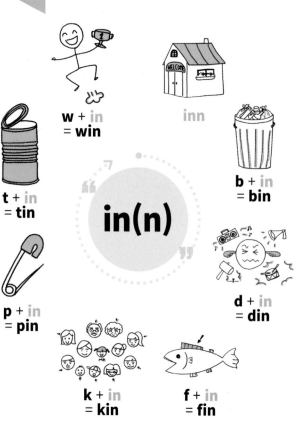

inn bin din fin kin pin tin win

w + in
= **win**

inn

b + in
= **bin**

t + in
= **tin**

in(n)

d + in
= **din**

p + in
= **pin**

k + in
= **kin**

f + in
= **fin**

New Sight Words

I'll, isn't

- The **t**in **b**in made a **d**in.

그 금속 쓰레기통이 시끄러운 소리를 냈어.

- I'll **w**in the **p**in with the **f**in.

나는 그 지느러미가 달린 핀을 받고 말 거야!

- My **k**in isn't in the inn.

내 친척은 그 여관에 없어.

ick

kick lick pick sick tick wick

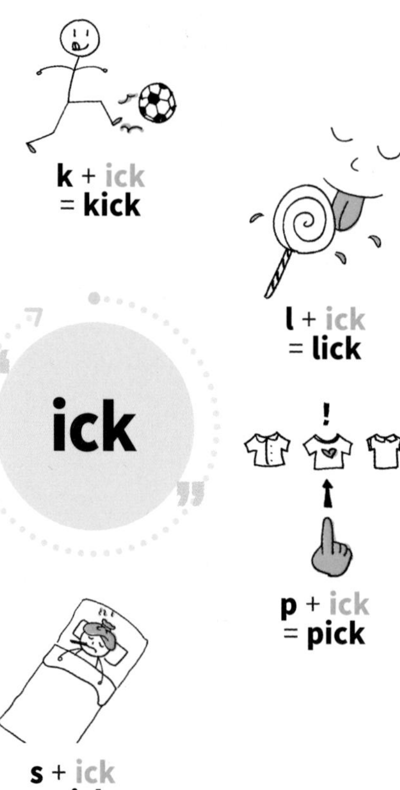

New Sight Words

up, into, will

- Pick up the tick and kick it into the bin.

진드기를 집어서 발로 차 쓰레기통에 넣어.

- Don't lick it. You will get sick.

그거 핥지마. 병 걸려.

- Did you pick the wick you like?

마음에 드는 심지를 고르셨나요?

og

bog dog fog hog jog log

b + og
= **bog**

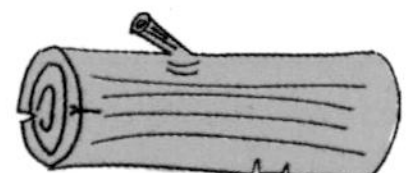

l + og
= **log**

d + og
= **dog**

og

f + og
= **fog**

j + og
= **jog**

h + og
= **hog**

New Sight Words

too, much, go, that

- Get the **d**og out of the **b**og!

개를 늪에서 건져 내!

- There is too much **f**og to go for a **j**og.

조깅하러 가기에는 안개가 너무 많아.

- Is that a **h**og on the **l**og?

저 통나무 위에 있는 저거 돼지야?

op

cop hop mop pop sop top

c + op
= cop

t + op
= top

h + op
= hop

op

s + op
= sop

m + op
= mop

p + op
= pop

New Sight Words

here, came

- Sop it up with a mop.

걸레로 빨아들여.

- The cops hop here and there.

경찰들이 여기저기 바쁘게 다니네.

- Pop! A top came out of the hat!

펑! 모자에서 팽이가 나왔네!

ot

dot hot lot not pot tot

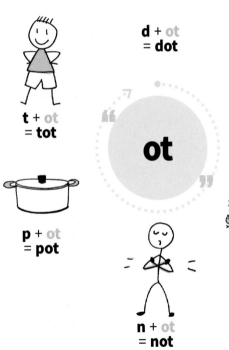

d + ot
= dot

h + ot
= hot

t + ot
= tot

l + ot
= lot

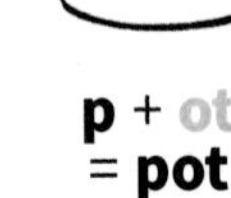

p + ot
= pot

n + ot
= not

New Sight Words

some

- There is some ham in the **h**ot **p**ot.

뜨거운 국물에 햄이 좀 들어 있어.

- A **l**ot of **d**ots are on the **t**ot.

꼬마 몸에 동그란 점 무늬가 많이 있네.

- I got mad, **n**ot sad.

난 슬픈 게 아니라 화가 났던 거야.

ob

cob job mob rob sob

c + ob
= **cob**

s + ob
= **sob**

ob

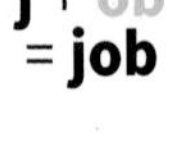

j + ob
= **job**

r + ob
= **rob**

m + ob
= **mob**

New Sight Words

looks, really, they, want, your

* The **m**ob looks really mad.

저 사람들 엄청 화난 것 같은데.

* They want to **r**ob the **c**obs.

저 사람들이 옥수수를 훔치려고 해.

* Your **j**ob is just to **s**ob.

네가 할 일은 그냥 우는 것뿐이야.

019

od(d)

odd cod god nod pod rod

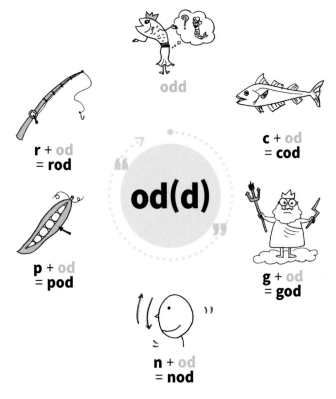

odd

c + od
= cod

r + od
= rod

od(d)

p + od
= pod

g + od
= god

n + od
= nod

New Sight Words

had, even

- There was a **c**od on the **r**od.

낚싯대에 대구가 걸려 있었어.

- The **c**od on the **r**od had a **p**od.

낚싯대에 걸린 대구가 콩 꼬투리를 물고 있더라.

- **G**od will even **n**od on the odd.

하나님은 이상한 자들조차 굽어살피신다.

ock

dock lock mock rock sock

d + ock
= **dock**

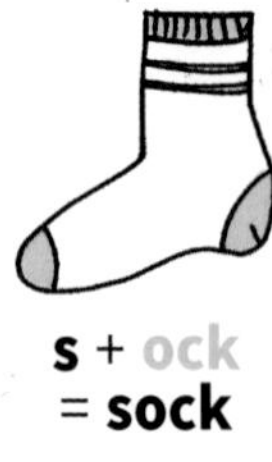

s + ock
= **sock**

l + ock
= **lock**

r + ock
= **rock**

m + ock
= **mock**

New Sight Words

where, me

- Where are my **s**ocks and **l**ocks?

내 양말이랑 자물쇠 어디 있어?

- Don't **m**ock me!

나 놀리지 마!

- The **d**ock is on a **r**ock.

그 부두는 바위 위에 있어.

en

den hen men pen ten yen

d + en
= den

y + en
= yen

h + en
= hen

en

t + en
= ten

m + en
= men

p + en
= pen

New Sight Words

all

- The pen is ten yen.

  그 펜은 10엔(¥)이야.

- The men all want the big hen.

  그 사람들은 모두 그 큰 암탉을 원해.

- The hen is in the den.

  그 암탉은 굴 안에 있어.

022

et

get jet met net pet set vet wet

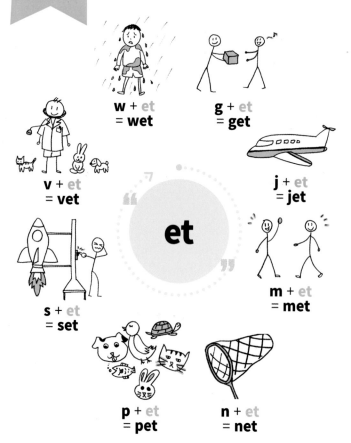

w + et
= wet

g + et
= get

v + et
= vet

j + et
= jet

et

s + et
= set

m + et
= met

p + et
= pet

n + et
= net

New Sight Words

let, off, yet

- Let the jet set off!

제트기 출발시켜!

- The vet met the wet pet.

그 수의사는 물에 젖은 애완견을 만났다.

- Don't get the net yet.

아직 그물 가져오지 마.

ed

bed fed led red Ted

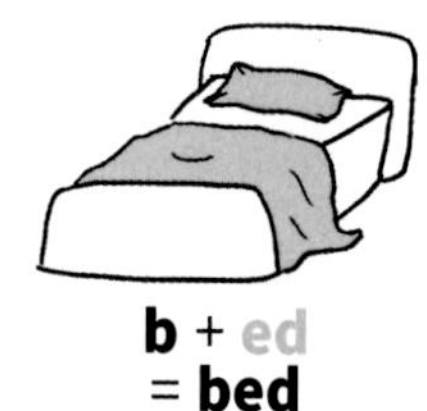

b + ed
= bed

T + ed
= Ted

f + ed
= fed

r + ed
= red

l + ed
= led

New Sight Words

he, I'm, still

- He led me to the dock.

그는 나를 부두로 안내했다.

- I'm fed up with the red jam!

난 그 빨간 잼이라면 지긋지긋해!

- Ted is still in bed.

테드는 아직 안 일어났어.

eg(g)

egg beg keg leg peg

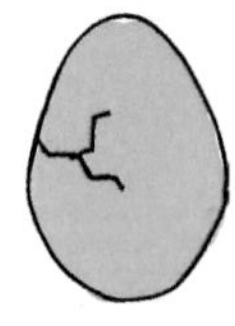

egg

eg(g)

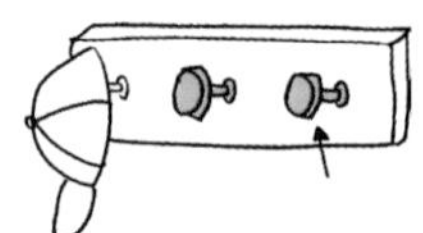

p + eg
= peg

b + eg
= beg

l + eg
= leg

k + eg
= keg

New Sight Words

against, an

- I hit my **l**eg against a **k**eg.

나는 맥주 통에 다리를 부딪쳤어.

- The eggs are under the **p**egs.

달걀은 말뚝 아래에 있어.

- I **b**eg for an egg.

제발 달걀 하나만 주세요.

ell

bell fell sell tell well yell

b + ell
= **bell**

y + ell
= **yell**

f + ell
= **fell**

w + ell
= **well**

s + ell
= **sell**

t + ell
= **tell**

New Sight Words

them

I will tell them to pack the bells.

내가 그 사람들한테 종을 포장하라고 할게.

"Bells! We sell bells!" they yell.

"종이요! 종 팔아요!" 그들은 소리쳐.

The bells fell into the well.

종들이 우물에 빠져 버렸어.

026

eck

deck neck peck

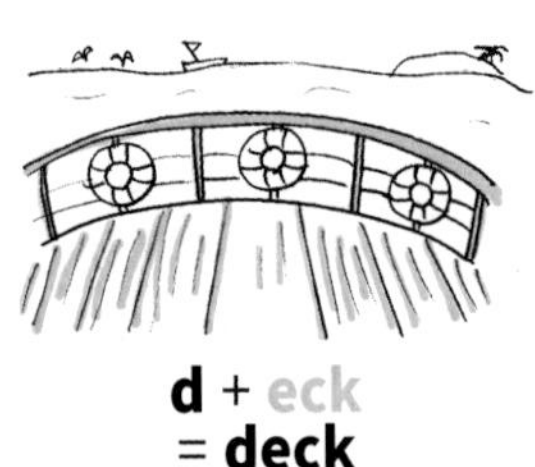

d + eck
= deck

eck

p + eck
= peck

n + eck
= neck

New Sight Words

who, going

- The dogs are on the **d**eck.

  개들은 갑판에 있어.

- **N**eck and **n**eck! Who is going to win?

  막상막하네요! 누가 이길까요?

- I got a **p**eck on my lips.

  나는 입술에 가벼운 키스를 받았어.

ub

cub dub hub pub rub sub tub

c + ub
= cub

t + ub
= tub

d + ub
= dub

ub

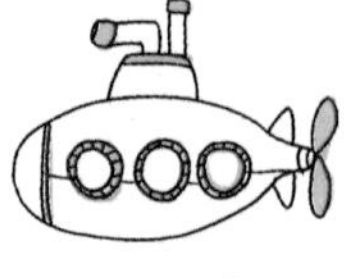

s + ub
= sub

h + ub
= hub

r + ub
= rub

p + ub
= pub

New Sight Words

by, always, goes, after

- The cubs like to rub in the tub.

그 아기곰들은 욕조에서 목욕하는 걸 좋아해.

- You can get to the hub by sub.

중심부까지는 잠수함을 타고 갈 수 있습니다.

- He always goes to the pub after he dubs.

그는 더빙 후에는 항상 술집에 간다.

ug

bug dug hug jug mug pug rug tug

t + ug
= tug

b + ug
= bug

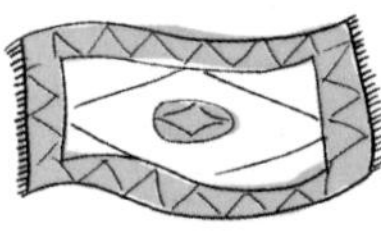

r + ug
= rug

d + ug
= dug

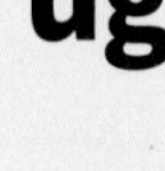

ug

p + ug
= pug

h + ug
= hug

m + ug
= mug

j + ug
= jug

New Sight Words

help

- The pug dug the jug out.

그 퍼그는 그 주전자를 캐냈다.

- The bugs tug the rug to get the mug.

벌레들이 컵을 손에 넣으려고 깔개를 당겨.

- I will hug the pug. Help me put it on the rug.

내가 그 퍼그를 안을 게. 퍼그를 카펫에 올려 놓는 걸 도와 줘.

ut(t)

butt gut hut mutt nut putt rut

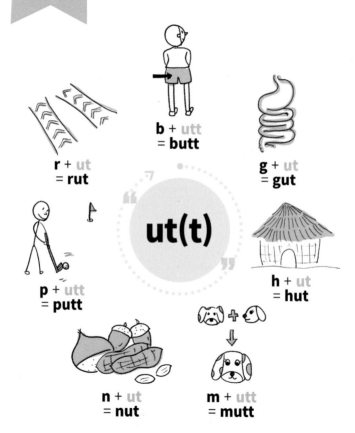

b + **utt**
= **butt**

r + **ut**
= **rut**

g + **ut**
= **gut**

ut(t)

p + **utt**
= **putt**

h + **ut**
= **hut**

n + **ut**
= **nut**

m + **utt**
= **mutt**

New Sight Words

over, from

- Get your butt over here to the hut!

당장 이리로 와서 오두막으로 가!

- I don't have the guts to putt here.

난 여기서 퍼팅할 배짱은 없는데.

- The mutt can get the nut from the rut.

그 개가 바퀴 자국에서 호두를 꺼낼 수 있을 거야.

un

bun dun gun nun run sun

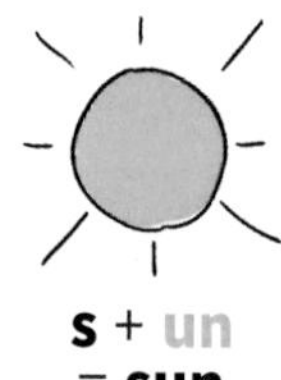

s + un
= **sun**

b + un
= **bun**

r + un
= **run**

un

d + un
= **dun**

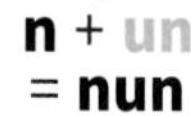

n + un
= **nun**

g + un
= **gun**

New Sight Words

would, became

- He would **r**un with the **g**un.

그는 그 총을 가지고 도망갈 거야.

- The **n**un put the **b**uns under the **s**un.

그 수녀는 빵들을 햇볕에 내놓았다.

- The **b**uns became **d**un.

빵들이 회갈색이 되었네.

up

up pup tup yup

y + up
= yup

p + up
= pup

t + up
= tup

New Sight Words

went, along

- Did the **p**up go up?

  강아지가 올라갔어?

- **Y**up, it did. And it went after a **t**up.

  응. 그리고는 숫양을 쫓아갔어.

- A **t**up and a **p**up don't get along.

  숫양이랑 강아지는 사이가 좋지 않은데.

032

uck

buck duck luck suck tuck yuck

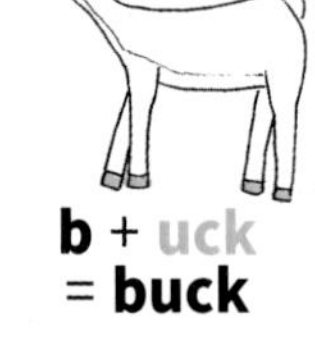

b + uck
= buck

y + uck
= yuck

d + uck
= duck

uck

l + uck
= luck

t + uck
= tuck

s + uck
= suck

New Sight Words

everything, no

- It **s**ucks up everything. **Y**uck!

  그건 모든 것을 빨아들여. 으웩!

- The **d**uck has no **l**uck with the **b**uck.

  그 오리는 수사슴이랑은 상대가 안 돼.

- Can you **t**uck the **d**uck under the bed?

  그 오리 좀 침대 아래로 밀어 넣어 줄래?

033

-x

ax fax tax fix mix box

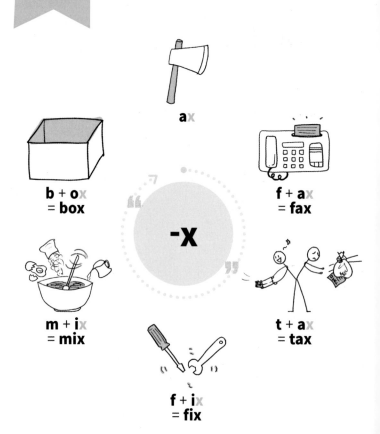

ax

b + ox
= box

f + ax
= fax

-x

m + ix
= mix

t + ax
= tax

f + ix
= fix

New Sight Words

him

- The **ax** is in the **box**.

도끼는 그 상자 안에 있어요.

- Do not **mix** it. **Fix** it.

섞지 말고 고정을 시키라고.

- **Fax** him that the **tax** went up.

그 사람한테 세금이 올랐다고 팩스 좀 보내.

-s①

cats rats sacks mitts socks pups nuts

cat / cats

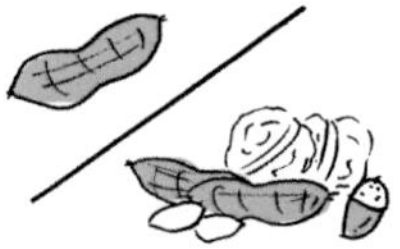

nut / nuts

rat / rats

-s

pup / pups

sack / sacks

sock / socks

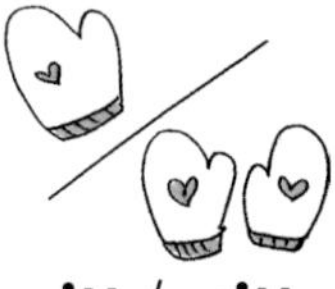

mitt / mitts

New Sight Words

take

- Do you want **socks** or **mitts**?

  양말이 좋아? 벙어리 장갑이 좋아?

- **Cats** like **rats**, not **pups**.

  고양이는 강아지가 아니라 쥐를 좋아하지.

- Take the **nuts** out of the **sacks**.

  자루에서 견과들 좀 꺼내.

-s②

bags tags kids dogs logs eggs buns

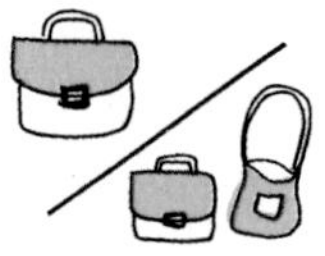

bag / bags

bun / buns

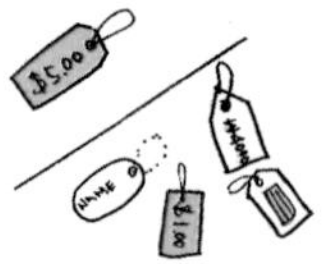

tag / tags

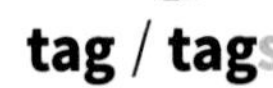

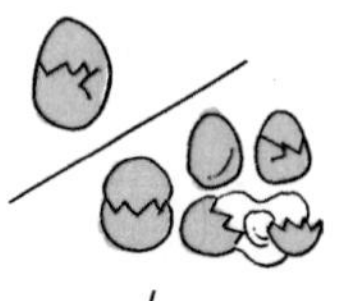

egg / eggs

kid / kids

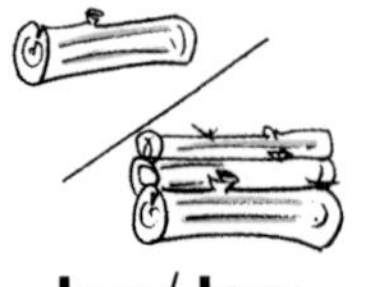

log / logs

dog / dogs

New Sight Words

look

- Put the **egg**s on the **bun**s.

달걀을 빵 위에 올리세요.

- Look at the **dog**s on the **log**s!

통나무 위에 있는 개들 좀 봐!

- The **kid**s have **bag**s with **tag**s.

아이들이 가격표가 달린 가방을 메고 있어.

Chapter 2

따로 또 같이, 이중 자음!

Unit 036 ~ 077

036. st-
037. sm-
038. sn-
039. sp-
040. sw-
041. sc- & sk-
042. bl-
043. cl-
044. fl-
045. gl-
046. pl-
047. sl-
048. br-
049. cr-
050. dr-
051. fr-
052. gr-
053. pr-
054. tr-
055. ch-
056. sh-
057. wh-
058. th-①
059. th-②
060. kn-
061. wr-
062. qu-
063. -(t)ch
064. -sh
065. -th
066. -ng
067. -ing
068. -sk
069. -st
070. -ft
071. -mp
072. -lk
073. -lp
074. -lt
075. -nd
076. -nt
077. -nk

* 자음 두 개가 붙어있는 이중 자음에는
1) 두 자음의 소리를 그대로 이어 읽는 것과
2) 그냥 하나의 소리로 발음하는 것 두 종류가 있어요.

036

st-

stack stem step stick stop stuck stud

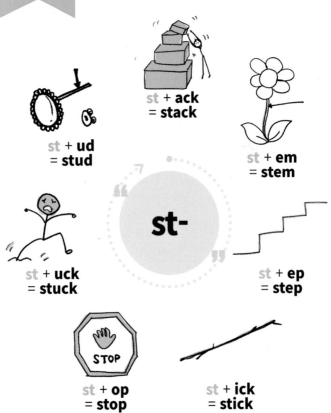

st + ack
= stack

st + ud
= stud

st + em
= stem

st-

st + uck
= stuck

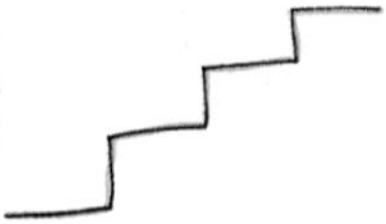

st + ep
= step

st + op
= stop

st + ick
= stick

New Sight Words

any, more

- Oh! The studs are stuck.

아! 징들이 끼었어.

- Put the stems on the steps.

줄기들은 계단 위에 둬.

- Stop! Don't stack any more sticks!

그만! 막대 그만 쌓아!

sm-

smack smell smock smog smug

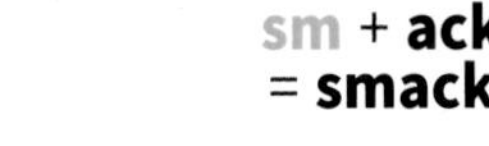

sm + ack
= smack

sm + ug
= smug

sm + ell
= smell

sm + og
= smog

sm + ock
= smock

New Sight Words

bit, her, what, lot, so

- That **smock** is a bit big for her.

  그 작업복은 그녀에게는 좀 커.

- What a lot of **smog**! I can even **smell** it.

  매연이 너무 많아! 냄새를 맡을 수 있을 정도야.

- What is he so **smug** about? Oh, I want to **smack** him on the back!

  저 자식은 뭐 때문에 저렇게 의기양양해 하는 거야? 아, 저 자식 등 한 대 갈기고 싶다!

038

sn-

snack sniff snip snob snot

sn + **ack**
= **snack**

sn + **ot**
= **snot**

sn-

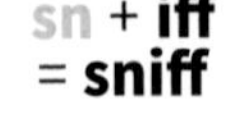

sn + **iff**
= **sniff**

sn + **ob**
= **snob**

sn + **ip**
= **snip**

New Sight Words

give, he's, how, open

- Sniff! Sniff!

  - Yuck! Your snot is out!

  훌쩍! 훌쩍! - 으웩! 너 콧물 나왔어!

- Don't give him a snack. He's a snob.

  걔는 간식 주지 마. 잘난 척 쟁이야.

- How do you open the snack bags?

  - Just snip them.

  과장 봉지 어떻게 뜯어? - 그냥 가위로 잘라.

039

sp-

speck sped spill spin spit spot

sp + eck
= speck

sp + ot
= spot

sp + it
= spit

sp-

sp + ed
= sped

sp + ill
= spill

sp + in
= spin

New Sight Words

away, now

- Don't **spin** it. Or you will **spill** it.

  그거 돌리지 마. 안 그러면 쏟는다.

- Your **spit** made **spots** on the rug!

  네 침이 카펫에 얼룩을 만들었잖아!

- He **sped** away and now he is just a **speck**.

  서둘러 가더니 그는 이제 작은 점처럼 보여.

sw-

swam swell swim Swiss

sw + am
= swam

Sw + iss
= Swiss

sw + ell
= swell

sw + im
= swim

New Sight Words

it's, way

- Can you **swim**?

수영할 줄 알아?

- Did you hit your leg? It's about to **swell** up!

너 다리 부딪쳤어? 부으려고 해!

- That **Swiss** man **swam** all the way here!

저 스위스 남자가 헤엄쳐서 여기까지나 왔대!

sc- & sk-

scab scan scoff scum skim skull

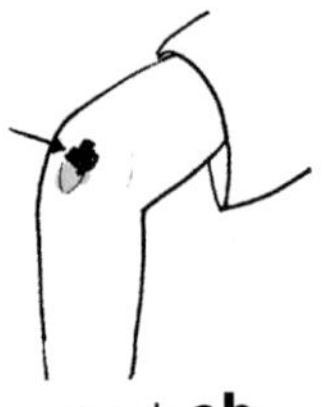

sc + ab
= scab

sk + ull
= skull

sc + an
= scan

sc- & sk-

sk + im
= skim

sc + off
= scoff

sc + um
= scum

New Sight Words

his, say, only

- They want to **scan** his **skull**.

그들은 그의 두개골을 정밀 검사하고 싶어 해.

- **Skim** the **scum** off.

거품을 걷어내.

- He will **scoff** and say, "It's only a **scab**."

그 사람은 비웃으며 "그건 그냥 딱지일 뿐이잖아."라고 말할걸.

042 bl-

black bleb bled blob block bluff

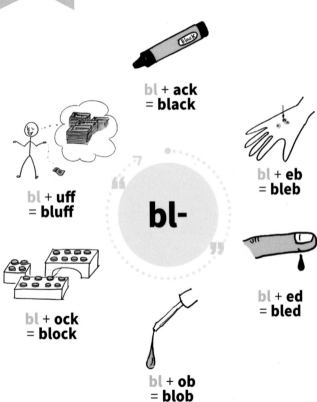

bl + ack
= black

bl + eb
= bleb

bl + uff
= bluff

bl-

bl + ed
= bled

bl + ock
= block

bl + ob
= blob

New Sight Words

what's, once, likes, many

- What's that **black blob**?

그 검은색 물방울은 뭐야?

- Don't pop the **bleb**. I once did and it **bled**.

물집 터뜨리지 마. 나 예전에 한 번 터뜨렸었는데 피 났어.

- He likes to **bluff** about how many **block**s he has.

걔는 자기가 블록을 얼마나 많이 가졌는지 허풍 떠는 걸 좋아해.

043

cl-

clack clam clan class cliff clock club cluck

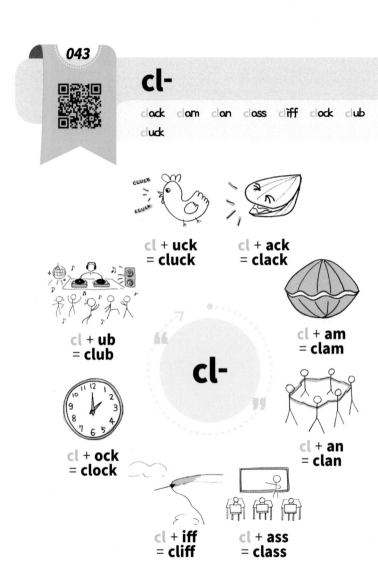

cl + uck = cluck

cl + ack = clack

cl + ub = club

cl + am = clam

cl-

cl + ock = clock

cl + an = clan

cl + iff = cliff

cl + ass = class

New Sight Words

let's, see, found

- Let's go see the **club** after **class**.

학교 마치고 그 클럽 보러 가자.

- The **clam**s **clack** and the hens **cluck**.

조개들은 딱딱거리고 암탉들은 꼬꼬댁거려.

- The **clan** found the **clock** on a **cliff**.

그 무리는 절벽에서 그 시계를 찾아냈다.

fl-

flag flap flat fleck flick flip floss

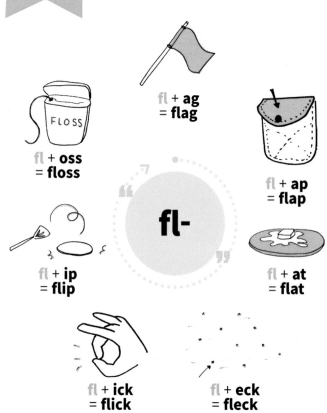

fl + ag
= flag

fl + oss
= floss

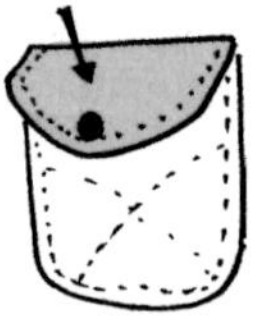

fl + ap
= flap

fl-

fl + ip
= flip

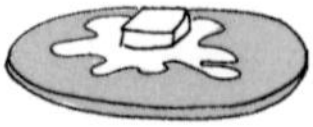

fl + at
= flat

fl + ick
= flick

fl + eck
= fleck

New Sight Words

children

• Did the children **flip** the **flag**?

아이들이 그 깃발을 뒤집었니?

• Get the **floss** out of the **flat flap**.

그 납작한 덮개에서 치실을 꺼내.

• **Flick** the **fleck**s off the hat.

모자에 붙은 부스러기들을 손으로 튕겨 내.

gl-

glad glam glass gloss glum

gl + ad
= glad

gl + um
= glum

gl + am
= glam

gl + oss
= gloss

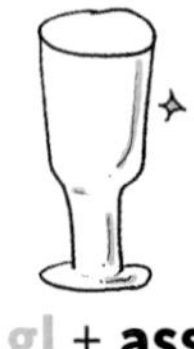

gl + ass
= glass

New Sight Words

this, gives, why

* How do you always look so **glam**?

너는 어떻게 항상 그렇게 멋지냐?

* This lipstick gives a **gloss** like **glass**.

이 립스틱은 유리 같은 광택을 선사합니다.

* Why are you so **glum**?
– I'm not **glum**. I'm **glad**!

너 왜 그렇게 우울해? - 나 안 우울한데. 나 기분 좋아!

046

pl-

plan plod plop pluck plug plum plus

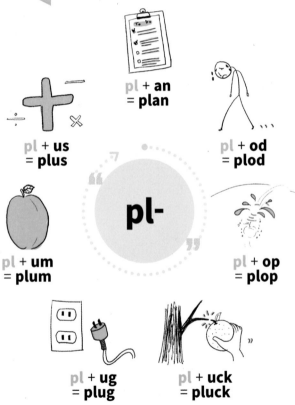

pl + an
= plan

pl + us
= plus

pl + od
= plod

pl-

pl + um
= plum

pl + op
= plop

pl + ug
= plug

pl + uck
= pluck

New Sight Words

we'll

I have a **plan**. Let's **plug** it in.

나한테 계획이 있어. 플러그를 꽂자.

Plus, we'll have to **plod** on.
– No!

게다가, 우린 계속 걸어가야 해. - 안돼!

You can **pluck** the **plum**s and **plop** them into the pot.

자두를 따서 냄비에 던져 넣으면 돼.

047

sl-

slam sled slid slim slip slit slot slug

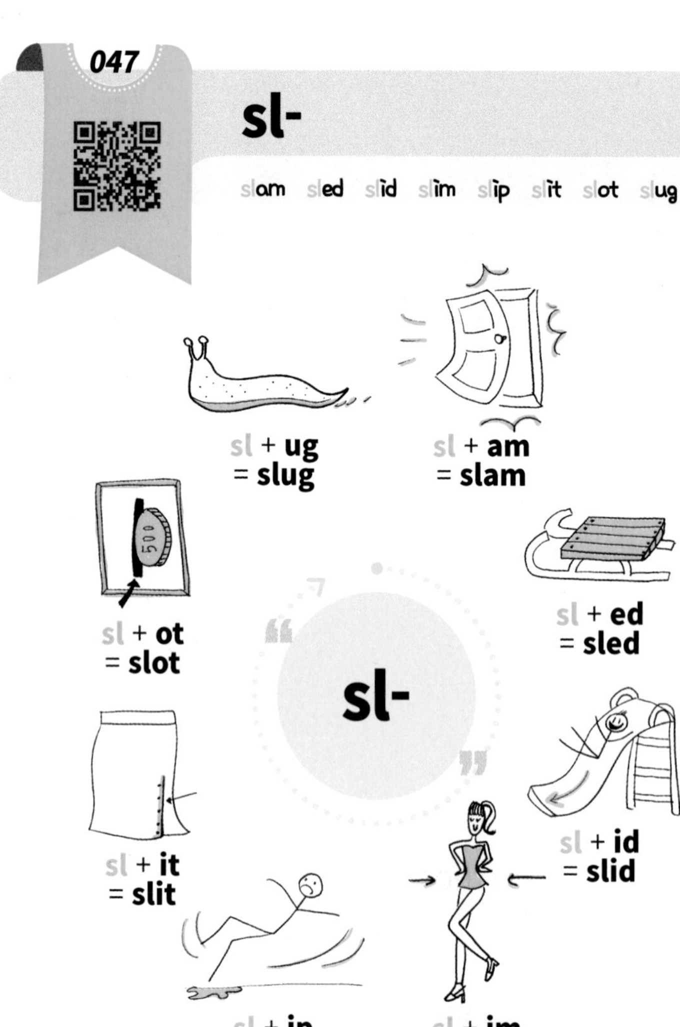

New Sight Words

down, gave, those, through

- The s**lim** s**lug** s**lid** down like a s**led**.

그 날씬한 민달팽이는 썰매처럼 미끄러져 내려갔다.

- I put it in the s**lot** and it gave a s**lam**.

내가 그것을 구멍에 넣자 그것은 쾅 하는 소리를 냈다.

- What are those s**lit**s for?
  - We'll s**lip** through them.

저 틈들은 왜 있는 거야? - 우리가 그 사이로 빠져 나갈 거야.

048
br-
brag bran brass brat brick brig brim
br + ag
= brag
br + im
= brim
br + an
= bran
br-
br + ig
= brig
br + ass
= brass
br + ick
= brick
br + at
= brat

New Sight Words

wants, she

- The brat wants to have some bran.

그 버릇없는 아이는 겨를 좀 먹고 싶대.

- She brags about her hat with a brim.

그녀는 자신의 챙모자를 자랑해.

- That brig is made of brass and bricks.

저 범선은 놋쇠랑 벽돌로 만들어졌어.

cr-

crab crack cram crib crop

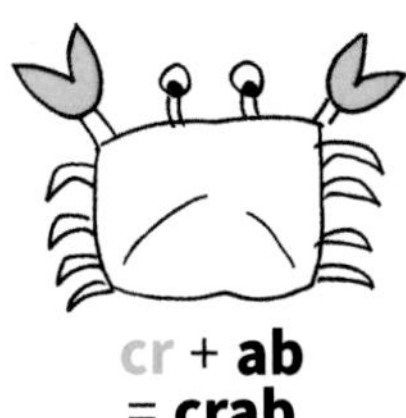

cr + **ab**
= **crab**

cr + **op**
= **crop**

cr-

cr + **ack**
= **crack**

cr + **ib**
= **crib**

cr + **am**
= **cram**

New Sight Words

little

- Cram the crop in the sack.

수확한 걸 자루에다 눌러 담아.

- There is a little crab in the crib.

아기 침대에 작은 게가 있어.

- Do you see the cracks in the crib?

아기 침대에 금 간 거 보여?

050

dr-

drag dress drill drip drop drum

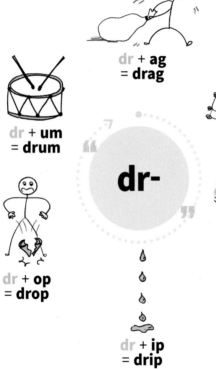

dr + ag
= drag

dr + um
= drum

dr + ess
= dress

dr-

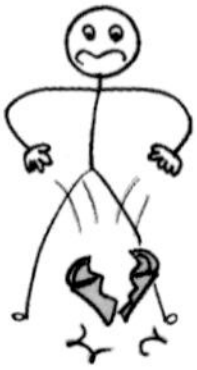

dr + op
= drop

dr + ill
= drill

dr + ip
= drip

New Sight Words

onto, yourself

- Hit the drums, not drop them!

  드럼을 치라고, 떨어트리지 말고!

- The drips fell onto the dress.

  물방울들이 원피스 위로 떨어졌다.

- Did you drag that big drill all by yourself?

  그 큰 드릴을 너 혼자 끌고 갔다고?

fr-

fret frill frizz frock frog

fr + et
= **fret**

fr + og
= **frog**

fr-

fr + ill
= **frill**

fr + ock
= **frock**

fr + izz
= **frizz**

New Sight Words

Mrs.

- Where is Mrs. **Frog** from?

개구리 아줌마는 어디서 온 거야?

- The **frock** has no **frills** at all.

그 드레스는 주름 장식이 하나도 없잖아.

- Don't **fret** about the **frizz**. I'll fix it.

머리 곱슬곱슬한 건 걱정하지 마. 내가 다듬어 줄게.

gran grass grill grin grub

gr + an
= gran

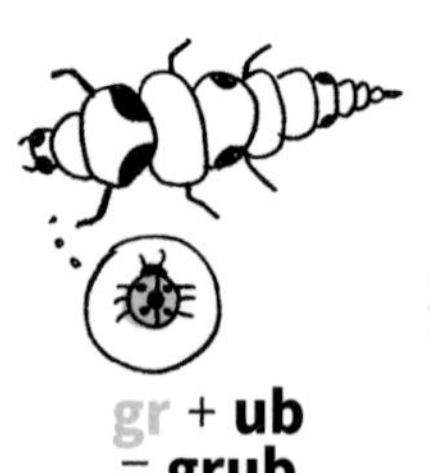

gr + ub
= grub

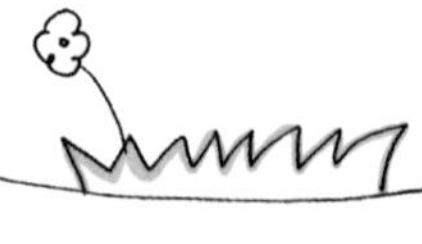

gr + ass
= grass

gr + in
= grin

gr + ill
= grill

New Sight Words

there's, stuck

- There's a grub on the grass.

잔디 위에 무당벌레 유충이 있어.

- Gran grins a lot.

할머니는 미소를 잘 지으셔.

- There is grass stuck on the grill.

그릴에 풀이 껴 있어.

053

pr-

pram press prick prod prom

pr + am
= pram

pr + om
= prom

pr + ess
= press

pr + od
= prod

pr + ick
= prick

New Sight Words

come, anyone

- This is my dress for the **prom**.

이게 내 졸업 파티 드레스야.

- **Press** it and the **pram** will come out.

그걸 누르면 유모차가 나올 거야.

- Don't **prick** or **prod** anyone.

다른 사람을 찌르거나 쑤시지 마세요.

054

tr-

tram trap trick trip troll truck

tr + am
= tram

tr + ap
= trap

tr + uck
= truck

tr-

tr + ick
= trick

tr + oll
= troll

tr + ip
= trip

New Sight Words

time

- A rat is on the **truck**! Get me a **trap** now!

트럭 위에 쥐가 있잖아! 덫 좀 빨리 갖다줘!

- Did you see his **trick**s with a **troll**?

그 사람이 괴물이랑 하는 마술 봤어?

- I'm going on a **trip**. I'll take the **tram** this time.

나 여행 갈 건데, 이번에는 전차 타고 갈 거야.

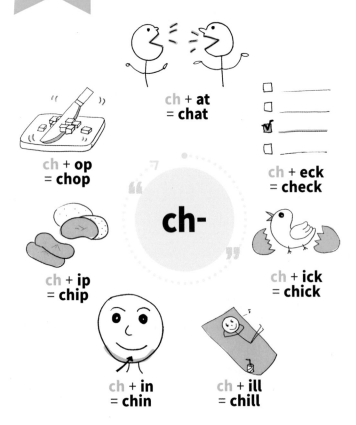

055

ch-

chat check chick chill chin chip chop

ch + at
= chat

ch + eck
= check

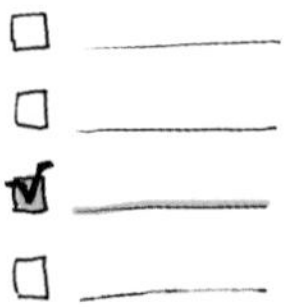

ch + op
= chop

ch-

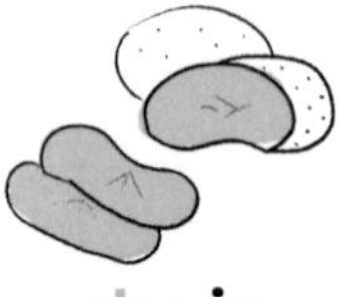

ch + ip
= chip

ch + ick
= chick

ch + in
= chin

ch + ill
= chill

New Sight Words

when

- Chill out. It's only a chick.

진정해. 그냥 병아리일 뿐이야.

- Don't chat when you chop.

칼질할 때는 잡담하지 마.

- You got some chips on your chin. Go check it.

턱에 과자 묻었다. 가서 봐봐.

056

sh-

shell shin ship shock shop shot shut

sh + ell
= shell

sh + ut
= shut

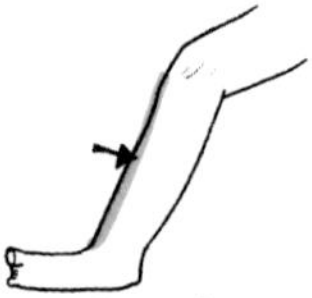

sh + in
= shin

sh-

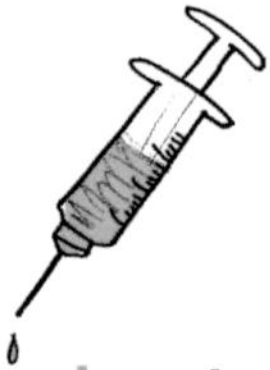

sh + ot
= shot

sh + ip
= ship

sh + op
= shop

sh + ock
= shock

New Sight Words

already

- She found a big **shell** on the **ship**.

그녀는 배에서 큰 조개껍데기를 찾아냈다.

- The **shop** was already **shut** when we got there.

우리가 갔을 때 그 가게는 이미 닫혀 있었다.

- It came as a **shock** that I had to get a **shot** in the **shin**.

정강이에 주사를 맞아야 된다는 사실은 내게 충격이었다.

057

wh-

whack wham when whiff whim whip

wh + ack
= whack

wh + ip
= whip

wh + am
= wham

wh-

wh + im
= whim

wh + en
= when

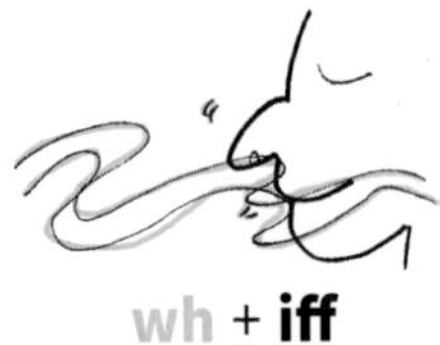

wh + iff
= whiff

New Sight Words

until, sometimes, things

- **Wham**! And there was a **whiff** of smog.

  쿵! 그리고는 매연 냄새가 훅 풍겼다.

- Until **when** do I have to **whip** the eggs?

  언제까지 달걀을 휘젓고 있어야 해?

- He sometimes **whack**s things on a **whim**.

  그는 가끔 충동적으로 물건들을 세게 내리치곤 한다.

th-①

thick thin thud thug

th + ick
= thick

th + ug
= thug

th + in
= thin

th + ud
= thud

New Sight Words

guess, enough

- **Thud**! The **thug** hit the log.

  쾅! 그 폭력배가 통나무를 쳤어.

- Is the glass **thin** or **thick**?

  그 유리가 얇아 아니면 두꺼워?

- I guess the stems are **thick** enough.

  그 정도면 줄기 굵기가 충분한 것 같네.

th-②

than that them this

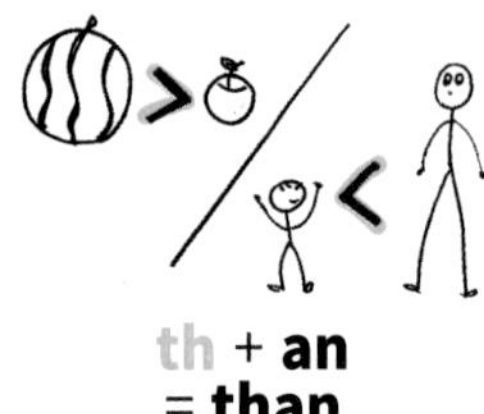

th + an
= than

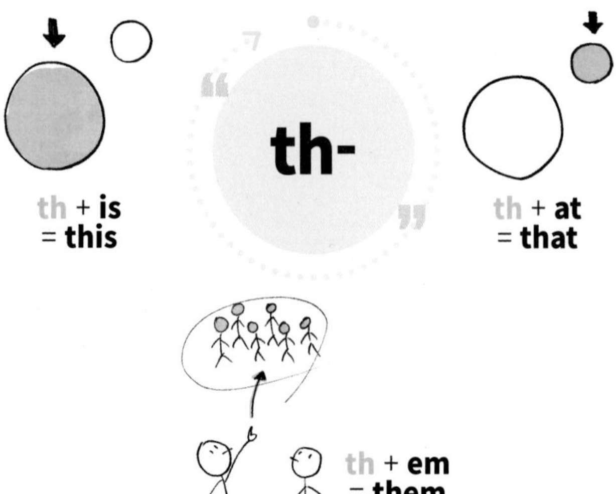

th + is
= this

th + at
= that

th + em
= them

New Sight Words

mine, less, yours

- This is big and that is not.

이건 크고 저건 안 커.

- Mine is less than yours.

내 것이 네 것보다 적어.

- This snack is for them.

이 간식은 그들을 위한 거야.

kn-

knack knit knob knock knot

kn + ack
= knack

kn + ot
= knot

kn-

kn + it
= knit

kn + ock
= knock

kn + ob
= knob

New Sight Words

yes

- **Knock**! **Knock**!
  - Find the **knob** and come in!

  똑똑! - 문 손잡이 찾아서 들어와!

- Now I can **knit**!
  – Yes, I see you got the **knack**.

  나 이제 뜨개질 할 수 있어! - 그래, 이제야 감 잡은 것 같네.

- How can I get rid of a **knot** when I **knit**?

  뜨개질 할 때 매듭은 어떻게 없애지?

061

wr-

wrap wrath wreck wren wrist

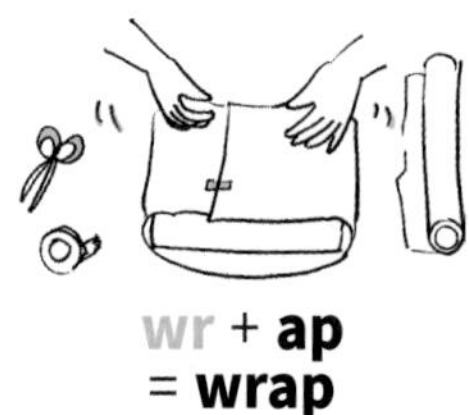

wr + ap
= wrap

wr + ist
= wrist

wr + ath
= wrath

wr + en
= wren

wr + eck
= wreck

New Sight Words

upon

- Wrap your wrist with this.

  이걸로 손목을 감싸.

- Do you see the wren on the wreck?

  저기 난파선 위에 굴뚝새 보여?

- The wrath of God came upon them.

  신의 분노가 그들에게 내렸다.

qu-

quack quick quill quilt quit quiz

qu + ack
= quack

qu + ick
= quick

qu + iz
= quiz

qu-

qu + it
= quit

qu + ill
= quill

qu + ilt
= quilt

New Sight Words

use

- He was quick to quit.

그 사람 빨리도 그만두더라.

- Quack! Quack! The ducks are under the quilt.

꽥꽥! 조각보 아래에 오리들이 있어.

- Use this quill when you take the quiz.

시험 칠 때 이 깃펜을 써.

063 -(t)ch

rich much catch fetch hatch patch

r + ich
= rich

m + uch
= much

p + atch
= patch

-(t)ch

h + atch
= hatch

c + atch
= catch

f + etch
= fetch

New Sight Words

love, very, if

- I'm **ri**ch and I love that very **mu**ch.

  난 부자야. 내가 부자라는 게 너무 좋아.

- **Ca**tch me if you can!
  – Go **fe**tch him!

  나 잡아 봐라! - 가서 저 녀석을 잡아와.

- Did you see the chick **ha**tch on the **pa**tch?

  그 텃밭에서 그 병아리가 부화하는 거 봤어?

-sh

flash crash fresh dish fish wish
rush blush crush

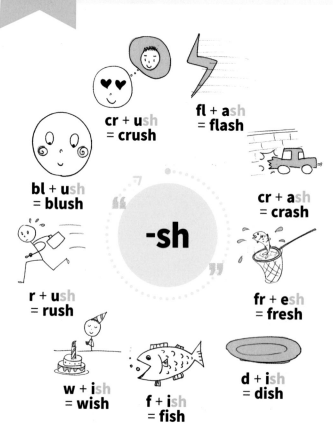

cr + ush
= crush

fl + ash
= flash

bl + ush
= blush

-sh

cr + ash
= crash

r + ush
= rush

fr + esh
= fresh

w + ish
= wish

f + ish
= fish

d + ish
= dish

New Sight Words

saw, said

- A **fresh** **fish** on a **dish**! Like I always **wish**!

  접시에 놓인 신선한 물고기라! 내가 항상 바라는 거야!

- There was a **crash** in a **flash**. - Did you **rush** to see it?

  눈 깜짝할 사이에 충돌이 일어났어. - 달려가서 봤어?

- I saw you **blush** when you said you had a **crush** on him.

  네가 그를 짝사랑 한다고 말할 때 네 얼굴이 붉어지는 걸 봤어.

-th

ba**th** ma**th** mo**th** slo**th** bro**th**

b + **ath**
= **bath**

br + **oth**
= **broth**

m + **ath**
= **math**

sl + **oth**
= **sloth**

m + **oth**
= **moth**

New Sight Words

both, also, seriously

- Both of you need a **ba**th.

너희 둘 다 목욕해야 해.

- Can the **slo**th also do **ma**th? Seriously?

그 나무늘보도 수학을 할 줄 안다고? 진짜?

- There's a **mo**th in the **bro**th! Yuck!

수프에 나방이 있어! 으웩!

066

-ng

fang gang king ring sing wing swing long

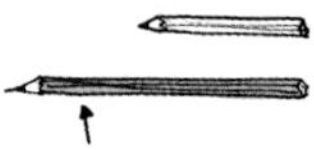

l + ong
= long

f + ang
= fang

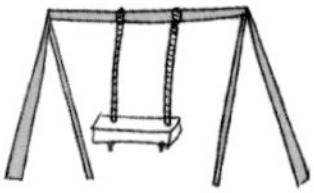

sw + ing
= swing

-ng

g + ang
= gang

w + ing
= wing

k + ing
= king

s + ing
= sing

r + ing
= ring

New Sight Words

large

- She likes to **sing** on a **swing**.

그녀는 그네를 타며 노래하는 걸 좋아한다.

- It's got **long fangs** and large **wings**!

그건 긴 송곳니와 커다란 날개를 갖고 있어!

- The **king** has a **ring** and the **gang** wants it.

왕이 반지를 하나 갖고 있는데 그 조직이 그걸 노려.

-ing

jogging singing swimming grinning knitting

jog + g + ing
= jogging

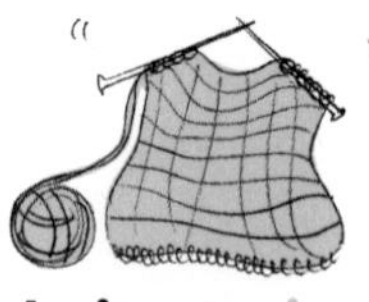

knit + t + ing
= knitting

sing + ing
= singing

grin + n + ing
= grinning

swim + m + ing
= swimming

New Sight Words

which, better

- Why is he **grinn**ing at me?

  저 사람은 왜 나를 보고 웃고 있는 거야?

- I saw her **sing**ing as she was **knitt**ing.

  나는 그녀가 뜨개질을 하며 노래 부르는 걸 보았다.

- Which do you like better, **jogg**ing or **swimm**ing?

  조깅이랑 수영 중에 뭐가 더 좋아?

068

-sk

ask bask mask task whisk dusk rusk

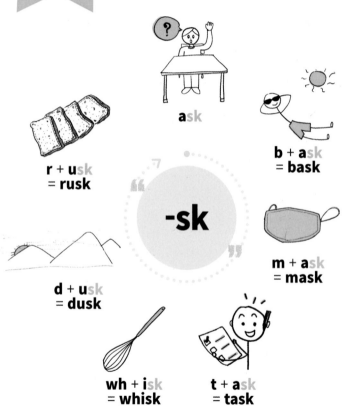

ask

b + ask
= bask

r + usk
= rusk

-sk

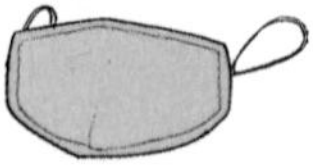

m + ask
= mask

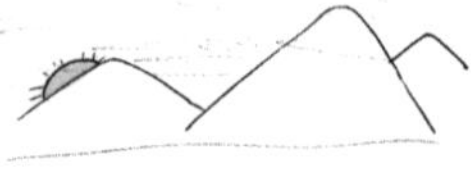

d + usk
= dusk

wh + isk
= whisk

t + ask
= task

New Sight Words

our, before, make

- Ask him if he wants to **bask** in the sun.

햇볕 쬐러 나가고 싶은지 그에게 물어봐.

- Our **task** is to get the **mask** before **dusk**.

해지기 전에 가면을 손에 넣는 게 우리의 임무야.

- You need a **whisk** to make **rusks**.

과자를 만들려면 거품기가 필요해.

069

-st

fast last best nest test mist lost

f + ast
= fast

l + ost
= lost

l + ast
= last

-st

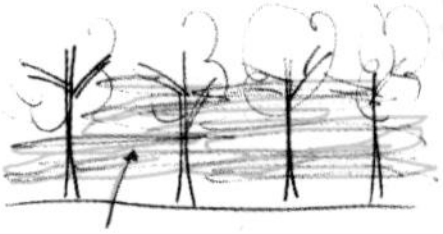

m + ist
= mist

b + est
= best

t + est
= test

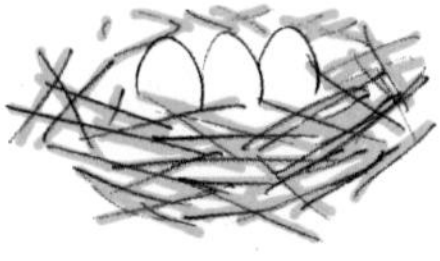

n + est
= nest

New Sight Words

took, wasn't, enough, looking

- She took the **te**st and she was the **be**st.

그녀는 시험을 치렀고 최고의 성적을 받았다.

- He wasn't **fa**st enough and came in **la**st.

그는 그렇게 빠르지 않았고 꼴찌로 들어왔다.

- I got **lo**st in the **mi**st as I was looking for the **ne**st.

둥지를 찾다가 안개 속에 길을 잃었어.

070

-ft

raft gift sift drift swift theft soft

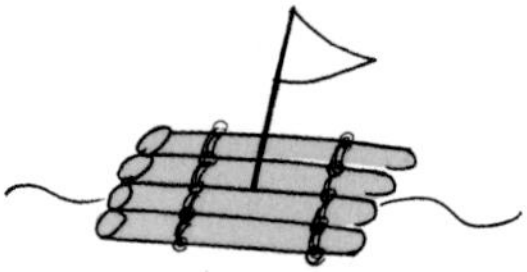

r + aft
= raft

g + ift
= gift

s + ift
= sift

dr + ift
= drift

sw + ift
= swift

th + eft
= theft

s + oft
= soft

-ft

New Sight Words

that's

- That **si**ft is too **so**ft, isn't it?

  그 체는 너무 물렁물렁해, 그렇지?

- That's **the**ft, not a **gi**ft.

  그건 선물이 아니고 절도야.

- **Dri**ft along on a **swi**ft **ra**ft.

  빠른 뗏목을 타고 물살을 따라가.

-mp

camp champ blimp bump jump stump

c + amp
= camp

st + ump
= stump

ch + amp
= champ

-mp

j + ump
= jump

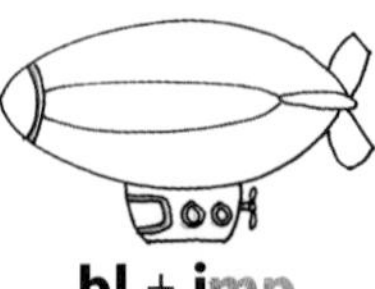

bl + imp
= blimp

b + ump
= bump

New Sight Words

near

- Let's **camp** there near the **stump**.

저기 나무 그루터기 근처에서 야영하자.

- Why does the **champ** have a **bump**?

저 챔피언은 왜 혹이 났지?

- What? He will **jump** off the **blimp**?

뭐? 그가 비행선에서 뛰어내릴 거라고?

072

-lk

bulk hulk mìlk sulk sìlk

b + ulk
= bulk

s + ilk
= silk

h + ulk
= hulk

s + ulk
= sulk

m + ilk
= milk

New Sight Words

doesn't, gets

- **Hulk** doesn't **sulk**. He just gets mad.

헐크는 삐치지 않아. 화를 낼 뿐이지.

- I got some **milk** on my **silk** dress.

내 실크 드레스에 우유가 묻었어.

- Those quills only come in **bulk**.

저 깃펜들은 묶음으로만 나와.

-lp

alp help pulp gulp scalp

alp

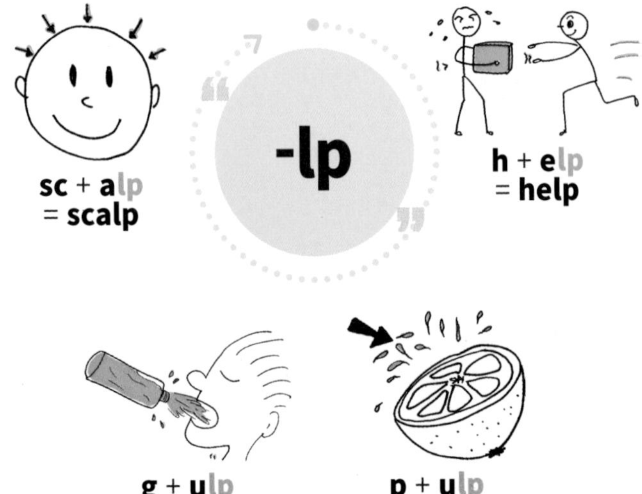

New Sight Words

been

- **Gu**lp it with the **pu**lp.

그거 과육이랑 같이 마셔.

- Have you been to the **A**lps?

알프스산맥에 가본 적 있니?

- Can you **he**lp me with my **sca**lp?

내 두피 문제 해결하는 것 좀 도와줄래?

-lt

belt melt knelt kilt wilt insult

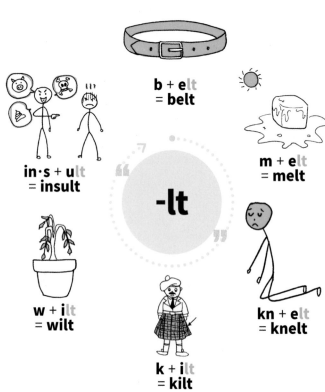

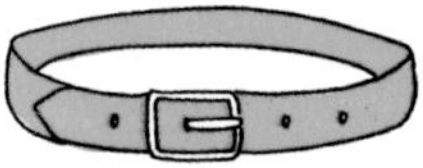

b + elt
= belt

m + elt
= melt

in·s + ult
= insult

-lt

w + ilt
= wilt

kn + elt
= knelt

k + ilt
= kilt

New Sight Words

won't, quite

- It won't **me**lt or **wi**lt.

  그건 녹거나 시들지 않을거야.

- You need a **be**lt on the **ki**lt to fix it.

  킬트를 고정하려면 벨트를 매야 해.

- I **kne**lt. That was quite **insu**lting.

  난 무릎을 꿇었어. 정말 굴욕적이었지.

-nd

hand sand bend mend lend send spend

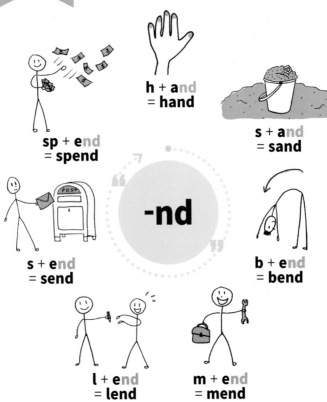

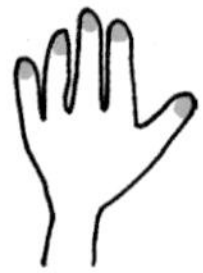

h + **a**nd
= **hand**

s + **a**nd
= **sand**

b + **e**nd
= **bend**

m + **e**nd
= **mend**

l + **e**nd
= **lend**

s + **e**nd
= **send**

sp + **e**nd
= **spend**

-nd

New Sight Words

back, can't

- **Be**nd and put your **ha**nds in the **sa**nd.

  몸을 굽혀 모래 속에 손을 넣어 봐.

- Can you **me**nd it and **se**nd it back to me?

  그거 수리해서 저한테 다시 보내주실 수 있나요?

- I can't **spe**nd any more time on this. Let's just **le**nd it to them.

  더는 시간을 지체할 수 없어. 그거 그냥 저들에게 빌려 줘.

076

-nt

ant plant chant tent print hunt

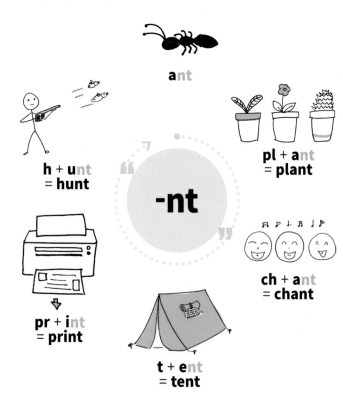

ant

pl + ant
= plant

h + unt
= hunt

-nt

ch + ant
= chant

pr + int
= print

t + ent
= tent

New Sight Words

then, together

- The plants got many ants.

  그 식물들에는 개미가 많아.

- We will put up a tent and then go hunting.

  우린 텐트를 치고 나서 사냥을 갈 거야.

- Print it out so that we can all chant together.

  우리 모두가 함께 부를 수 있게 그것 좀 출력해.

077

-nk

thank pink wink stink drink think skunk

th + ank
= thank

sk + unk
= skunk

p + ink
= pink

-nk

th + ink
= think

w + ink
= wink

dr + ink
= drink

st + ink
= stink

New Sight Words

every, day

- Oh! The **skunk stinks**!

  으앗! 스컹크 냄새가 너무 지독해!

- **Thank** you for the **pink drink**.

  분홍색 음료 주셔서 감사해요.

- I **think** about your **wink** every day.

  난 매일 네 윙크 생각해.

Chapter 3

'끝까지' 잘 발음하자!

Unit 078 ~ 083

* 복수형 -es, 동사의 과거형 -ed 등
다양한 끝소리를 정확하게 발음할 수 있어요.

078

-ly

ugly belly gladly smelly softly quickly

ugly

belly

quickly

-ly

softly

gladly

smelly

New Sight Words

thing

- That thing is **ugly** and **smelly**.

그건 못 생기고 냄새도 나.

- Come **quickly**, will you?
  – **Gladly**!

어서 와, 응? - 네!

- Rub your **belly** **softly**.

배를 살살 문질러.

-le

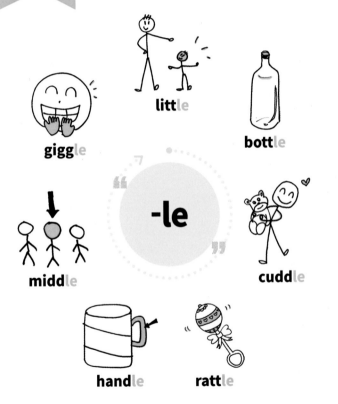

lĭttle bottle cuddle rattle handle mĭddle gĭggle

little

bottle

giggle

“-le”

middle

cuddle

handle

rattle

New Sight Words

plays

- Grab the **middle** of the **handle**.

  손잡이 중간을 잡아.

- I want to **cuddle** her and give her a **bottle**.

  그 아가를 안고 우유 먹이고 싶어.

- The **little** kid **giggles** when he plays with his **rattle**.

  그 꼬마는 딸랑이를 갖고 놀 때 킥킥대.

-es

axes / boxes / branches / dishes / glasses / matches

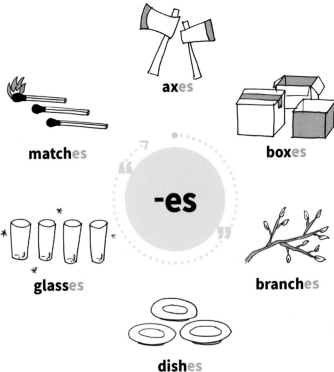

axes

matches

boxes

-es

glasses

branches

dishes

New Sight Words

these

- Why do you need **axes**, not **boxes**?

  넌 왜 상자가 아니라 도끼가 필요해?

- He made **matches** out of **branches**.

  그는 나뭇가지로 성냥을 만들었다.

- Would you put these **dishes** and **glasses** back?

  이 접시들이랑 유리잔들 좀 도로 갖다 놔 줄래?

081

-ed①

added / blended / lifted / mended / rested / tilted / chanted

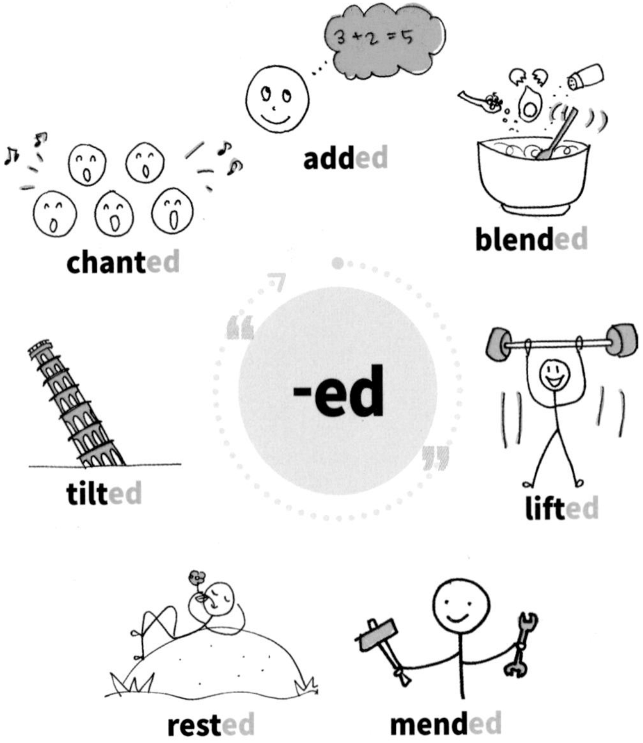

3+2=5

added

chanted

blended

-ed

tilted

lifted

rested

mended

New Sight Words

mom

- They all **rested** after they **chanted**.

그들은 함께 노래한 후 모두 휴식을 취했다.

- Dad **lifted** the **tilted** swings and **mended** them.

아빠는 기울어진 그네들을 들어 올려 수리했다.

- Mom **added** an egg and **blended** it with some milk.

엄마는 달걀 하나를 넣어 우유와 섞었다.

-ed②

rubbed / wagged / sobbed / hugged / filled

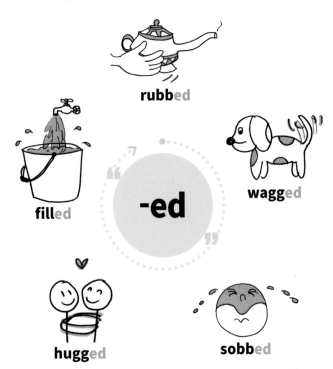

rubbed

filled

-ed

wagged

hugged

sobbed

New Sight Words

each, other

- The dog **wagged** and **rubbed** the dish.

  그 개는 꼬리 치며 접시를 문질렀다.

- They **hugged** each other and **sobbed**.

  그들은 서로를 끌어안고 흐느꼈다.

- The man **filled** it with jam.

  그 남자는 그것을 말아서 잼을 채워 넣었다.

083

-ed③

packed sipped licked picked shocked chopped

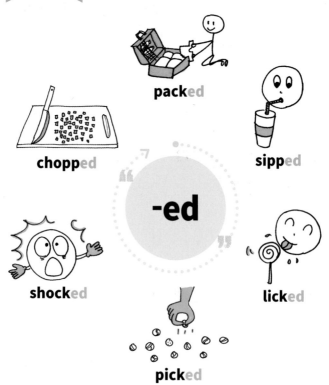

packed

chopped

sipped

-ed

shocked

licked

picked

New Sight Words

water, he'd

- The cat **lick**ed and **lick**ed the **chopp**ed fish.

  그 고양이는 잘게 썬 생선을 핥고 또 핥았다.

- I **pick**ed up the cup and **sipp**ed some water from it.

  난 컵을 들어 안에 있는 물을 조금 마셨어.

- She was so **shock**ed that he'd **pack**ed up and just left.

  그녀는 그가 짐을 싸서 그냥 떠나버렸다는 사실에 엄청난 충격을 받았다.

Chapter 4

모음의 새시대, 장모음, 이중 모음 & more!

Unit 084 ~ 118

084. a_e
085. ai
086. ay
087. ey①
088. eigh
089. i_e
090. _ie① & _ye
091. igh
092. ind
093. o_e
094. oe & _o
095. oa
096. ow①
097. old
098. e_e & _e
099. ee
100. ea
101. _ey②
102. ie②
103. u_e①
104. u_e②
105. ue & ui
106. ew
107. oo①
108. oo②
109. oi
110. oy
111. ou
112. ow②
113. au
114. aw
115. all & alk
116. ought & aught
117. _y①
118. _y②

* 각 모음이 자기 이름대로 소리 나는 장모음과 이중모음 및 다양한 모음의 변주를 맛 보아요.

a_e

safe bake cake snake chase hate
skate cave

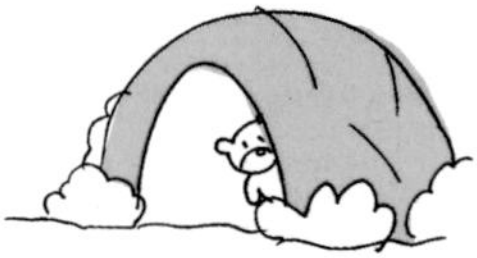

cave

safe

bake

skate

a_e

hate

cake

chase  snake

New Sight Words

around, same

- Is it **safe** to **skate** around the **cave**?

  동굴 주변에서 스케이트 타는 게 안전할까?

- I saw them **chase** **snakes**.

  그 애들이 뱀을 쫓아가는 걸 봤어요.

- I **hate** to **bake** the same **cake** every day!

  매일 같이 똑같은 케이크 굽는 게 너무 싫어!

ai

fail / rain / sail / wait / snail / train / paint

fail

paint

rain

ai

train

sail

snail

wait

New Sight Words

word

- Are you **wait**ing for the **train**?

기차 기다리세요?

- The **snail fail**ed to go through the **rain**.

그 달팽이는 비를 뚫고 가지 못했다.

- **Paint** the word on the **sail**.

돛에다 그 말을 써넣어.

ay

day / pay / say / way / stay / clay / play

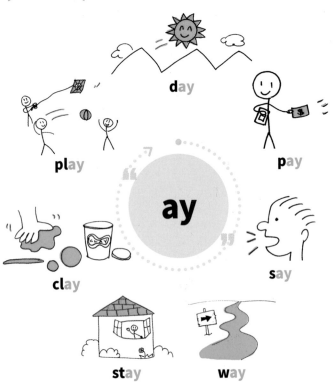

day

play

pay

ay

clay

say

stay

way

New Sight Words

she's

- There's no **w**ay I would **p**ay for this.

난 이 돈 절대 안 낼 거야.

- They **pl**ay with **cl**ay every **d**ay.

걔들은 매일 점토 갖고 놀아.

- She's **s**aying that she's going to **st**ay.

그녀는 여기에 남겠다는 거야.

087

ey①

hey grey whey they

Hey!

hey

they

ey

grey

whey

New Sight Words

never, hi

• **H**ey! Why is that thing **gr**ey?

어이! 그건 왜 회색이야?

• Are **th**ey going to drink that **wh**ey?

그들이 그 유청을 마실 거라고?

• **Th**ey never say **h**ey or hi to me.

그들은 절대 나에게 말을 걸거나 인사하지 않아.

eigh

neigh weigh sleigh eight weight freight

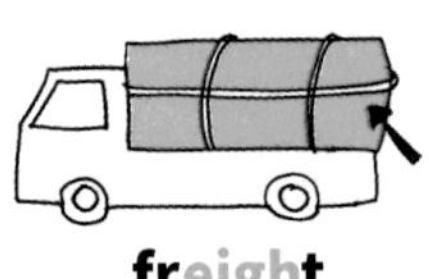

freight

neigh

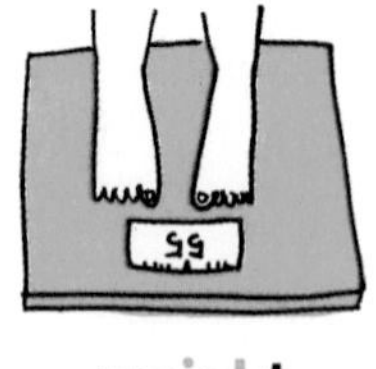

weight

eigh

weigh

8

eight

sleigh

New Sight Words

must, years, since

- The freight train must weigh a lot.

그 화물열차는 무게가 엄청 나갈 거야.

- That thing on the sleigh said, "Neigh!"

썰매에 달린 그게 "히이잉" 소리를 냈어.

- It's been eight years since I last saw her. She's put on some weight.

마지막으로 그녀를 본 지 8년이 되었어. 그동안 살이 좀 쪘네.

089

i_e

ride knife bike hike like lime wine white

white

ride

knife

wine

i_e

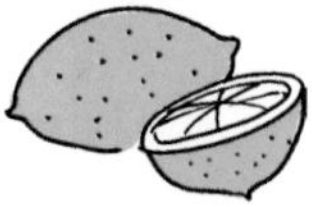

bike

lime

like

hike

New Sight Words

fine

- We need a **knife** to cut the **lime**.

라임을 자르려면 우린 칼이 필요해.

- I think the **white wine** tastes fine!

나는 그 화이트와인 맛 괜찮은 것 같은데!

- Do you **like hiking** or **riding** a **bike**?

하이킹 하는 걸 좋아하세요 아니면 자전거 타는 걸 좋아하세요?

_ie① & _ye

lie pie tie bye rye dye

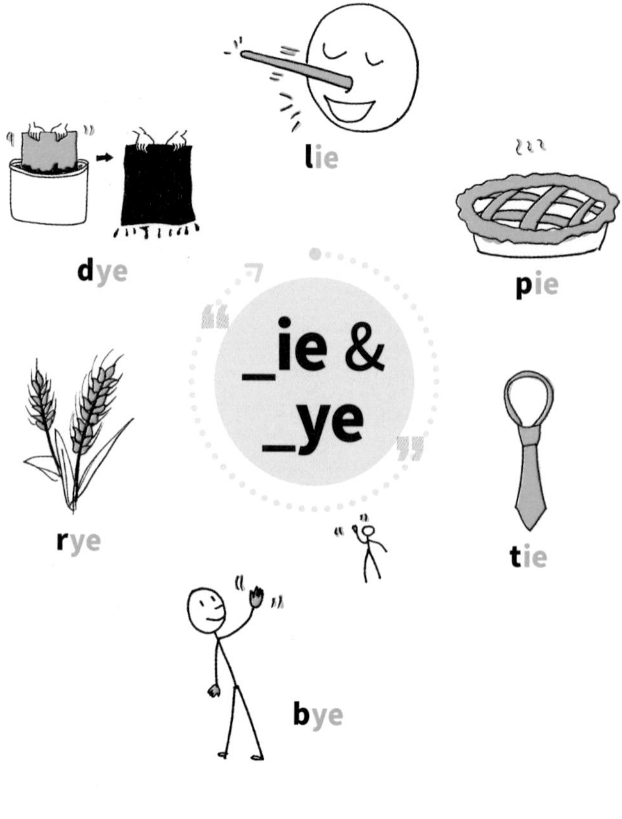

lie

dye

pie

_ie & _ye

rye

tie

bye

New Sight Words

OK, friend

- You **l**ie and we say, "**B**ye-**b**ye." OK?

너 거짓말하면 우리랑은 끝이야. 알겠어?

- My friend made a **p**ie with a **r**ye crust. Yum!

내 친구가 윗부분을 호밀로 덮은 파이를 만들었는데 맛있어.

- You **d**yed these **t**ies yourself? How?

네가 이 넥타이들을 직접 염색했다고? 어떻게?

igh

sigh / thigh / night / fight / light / right / tight / sight

sight

sigh

tight

thigh

igh

right

night

light

fight

New Sight Words

long, you're, mind

- The **fight** went on all **night** long. **Sigh**!

  다툼은 밤새 계속되었어. 휴!

- You're **right**. Out of **sight**, out of mind.

  네 말이 맞아. 눈에서 멀어지면 마음에서도 멀어져.

- Those are too **light** and too **tight** in the **thigh**s!

  그건 너무 얇고 허벅지에 꽉 끼잖아!

ind

bind / find / kind / mind / blind / grind

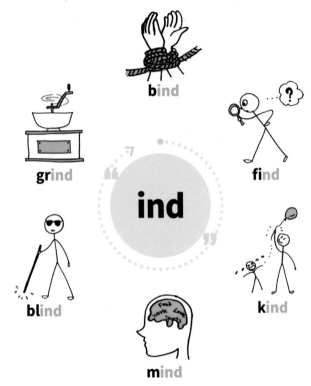

bind

grind

find

ind

blind

kind

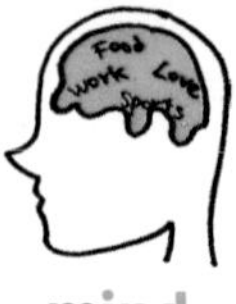

mind

New Sight Words

woman

- The **bl**ind woman wants to **f**ind her home.

  앞을 보지 못하는 그 여인은 자신의 집을 찾고 싶어해.

- It's so **k**ind of you to **b**ind them for me!

  절 위해 그것들을 묶어 주시다니 정말 친절하시네요!

- Are you out of your **m**ind? Why did you **gr**ind it all?

  너 정신 나갔어? 그걸 왜 다 갈았어?

o_e

hole / home / hope / note / broke / smoke / stove / wrote

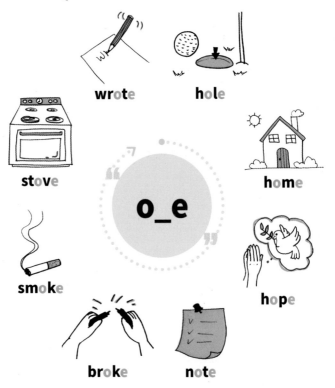

wrote

hole

stove

home

o_e

smoke

hope

broke

note

New Sight Words

coming, may

- There is **smoke** coming from that **hole**!

저 구멍에서 연기가 나고 있어!

- I **wrote** a **note** that said, "I **broke** your **stove**."

내가 네 가스렌지를 망가뜨렸다고 쪽지 썼었는데.

- Don't get your **hope**s up. He may not come **home**.

너무 기대하진 마. 그는 집으로 안 올지도 몰라.

oe & _o

doe toe go no yoyo banjo

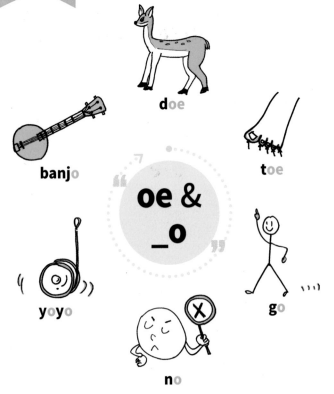

doe

banjo

toe

oe & _o

yoyo

go

no

New Sight Words

another

- Go out and play with the yoyo.

나가서 요요 갖고 놀아.

- No, I can't play the banjo.

아뇨, 저 밴조 연주할 줄 몰라요.

- She painted another doe on her toe nail.

그녀는 발톱에 암사슴을 한 마리 더 그려 넣었다.

oa

boat coat moat goat float toad foam soap

soap

boat

coat

foam

oa

toad

moat

float

goat

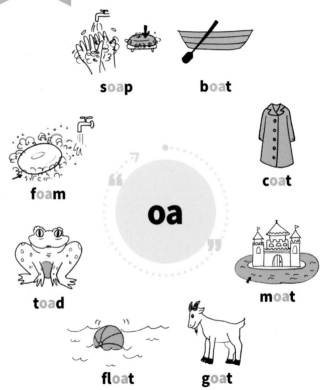

New Sight Words

makes

- That **s**oa**p** makes a lot of **f**oa**m**.

  그 비누는 거품이 많이 나.

- Look! **B**oa**t**s are **fl**oa**t**ing in the **m**oa**t**!

  저길 봐! 해자에 배들이 떠다니고 있어!

- What's that under your **c**oa**t**? A **g**oa**t**? – No, it's a **t**oa**d**!

  네 코트 속에 그건 뭐야? 염소? - 아니, 두꺼비야!

ow①

bow show slow snow blow flow glow grow

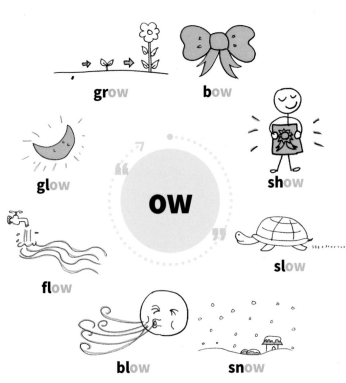

grow

bow

glow

show

ow

flow

slow

blow

snow

New Sight Words

wind, known, rather

- The wind **blow**s and the water **flow**s.

바람이 불고 물이 흐른다.

- Let me **show** you how the **bow** **glow**s in the **snow**.

그 리본이 어떻게 눈 속에서 빛나는지 보여줄게.

- They are known to **grow** rather **slow**ly.

그것들은 좀 천천히 자란다고 알려져 있다.

old

old cold fold gold hold mold sold scold

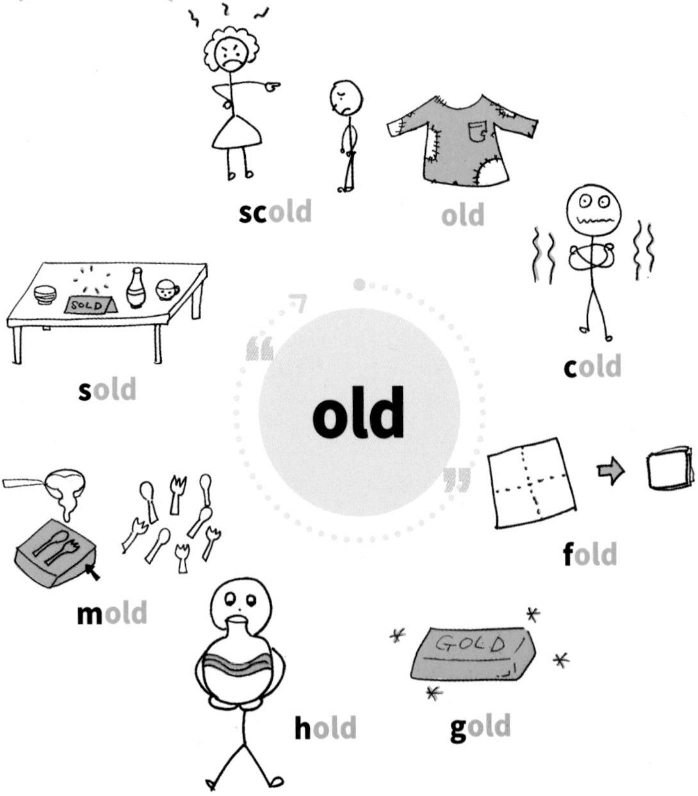

scold

old

cold

sold

old

fold

mold

hold

gold

New Sight Words

ago, their, father, wrong

- The **old mold** was **sold** a long time ago.

  그 낡은 틀은 오래전에 팔렸어요.

- Their father **scold**ed them for **hold**ing the **gold** bottle wrong.

  그들의 아버지는 황금 병을 잘못 들고 있다고 그들을 꾸짖었다.

- Un**fold** this cape and put it on when you're **cold**.

  추울 때 이 망토를 펴서 둘러.

e_e & _e

eve theme be he me we she

she

eve

theme

e_e & _e

we

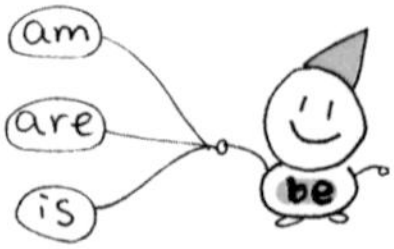

be

me

he

New Sight Words

should, Christmas, one, decides

- We should not be late. Don't you think so?

우리 늦으면 안 돼. 너도 그렇게 생각하지?

- He asked me out on Christmas Eve!

그가 크리스마스이브에 데이트 신청했어!

- She must be the one who decides on the theme.

그녀가 주제에 대한 결정권자임이 틀림없어.

ee

feel / meet / free / tree / sheep / wheel / kneel / queen

queen

feel

kneel

meet

ee

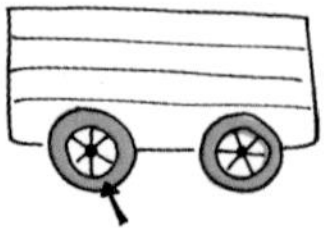

wheel

free

sheep

tree

New Sight Words

might, be

- "**Kneel**!" said the **queen** as she saw the man on **wheel**s.

"무릎을 꿇어라!" 여왕은 자전거 탄 남자를 보자 말했다.

- There might be some **sheep** under the **tree**.

나무 아래에 양이 몇 마리 있을지도 몰라요.

- **Feel free** to come **meet** me any time!

언제든 나 만나러 와!

ea

pea sea bean eat meat beach peach reach

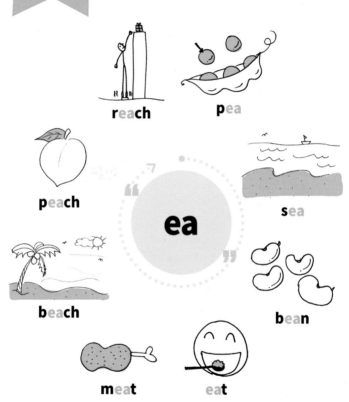

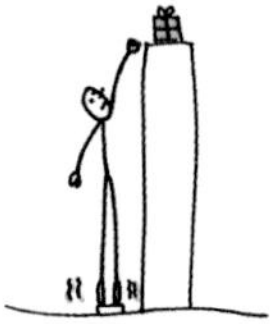

reach

pea

peach

sea

ea

beach

bean

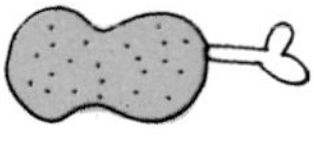

meat

eat

New Sight Words

beside

- I like to eat peas and beans with meat.

난 여러 가지 콩을 고기와 함께 먹는 걸 좋아해.

- A beach is a land beside the sea.

해변은 바다 옆에 있는 땅이야.

- Reach for the best peach in the tree.

나무에 달린 가장 맛있는 복숭아로 손을 뻗어 봐.

101

_ey②

key hockey alley chĭmney valley trolley

key

hockey

trolley

_ey

valley

alley

chimney

New Sight Words

you'll

- Don't play **hockey** near the **valley**.

계곡 근처에서 하키 하지 마.

- The **trolley** is too big to go through the **alley**.

골목을 지나가기엔 카트가 너무 커.

- You'll have to go down the **chimney** if you don't have the **key**.

열쇠가 없으면 굴뚝을 타고 아래로 내려가야 할걸.

ie②

thief / yield / chief / zombie / hoodie / selfie

thief

selfie

yield

ie

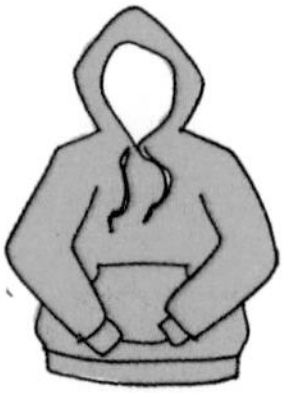

hoodie

chief

zombie

New Sight Words

they've, seen

- They've never seen their **chief yield**.

그들은 추장이 굴복하는 것을 한 번도 본 적이 없다.

- I like your **selfie** in the pink **hoodie**.

너 핑크색 후드티 입고 찍은 셀카 좋더라.

- Fight the **zombie** or the **thief**.

좀비랑 싸우든지 도둑이랑 싸우든지.

u_e①

puke tune fuse muse cute mute

puke

tune

mute

“ u_e ”

cute

fuse

muse

New Sight Words

helped, well

- His **muse** helped him come up with the **tunes**.

그의 뮤즈는 그가 곡을 만드는 것을 도왔다.

- Well, she was **cute** before she **puked** on me.

그게, 그녀가 나에게 토하기 전까지는 귀여웠지.

- Everything went **mute** when he cut the **fuse**.

그가 퓨즈를 자르자 모든 것이 조용해졌다.

104

u_e②

dude rude rule lute flute jukebox

jukebox

dude

flute

rude

lute

rule

New Sight Words

we've

- Don't be so rude. We've got some rules here.

그렇게 무례하게 굴지마. 이곳에는 규칙이 있어.

- Dude, where did you get that jukebox?

야, 그 주크박스 어디서 났어?

- Which one do you want, the lute or the flute?

류트랑 플루트 중에 뭐 할래?

105

ue & ui

blue clue glue true suit fruit

blue

fruit

clue

suit

glue

true

New Sight Words

great

- That's **tr**ue. I don't have any **cl**ues.

맞아. 나 하나도 모르겠어.

- The **bl**ue **s**ui**t** looks great on you.

그 파란 정장 너한테 잘 어울린다.

- I'm going shopping for some **fr**ui**t** and **gl**ue.

과일이랑 풀 좀 사러 가는 길이야.

ew

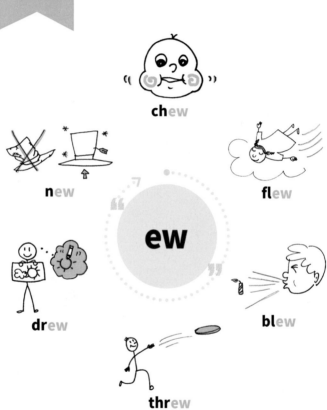

chew flew blew threw drew new

chew

new

flew

ew

drew

blew

threw

New Sight Words

something

- The **new** kid was **chew**ing gum.

새로 온 아이는 껌을 씹고 있었다.

- He **drew** something and **threw** it to me.

그는 뭔가를 그려 내게로 던졌다.

- The wind **blew** and my cape **flew** away.

바람이 불어서 내 망토가 날아갔어.

oo①

moon pool roof room zoo igloo broom

moon

broom

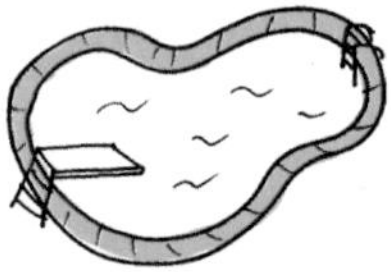

pool

oo

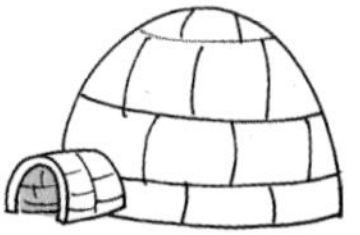

igloo

roof

zoo

room

New Sight Words

watched, built

- Get the **broom** and clean your **room**!

빗자루 가져와서 네 방 청소해!

- We sat on the **roof** and watched the **moon** together.

우리는 지붕에 앉아 함께 달을 바라보았다.

- They built an **igloo** and a **pool** at the **zoo**.

그들은 동물원에 이글루와 수영장을 만들었다.

oo②

book cook hood hook look wood

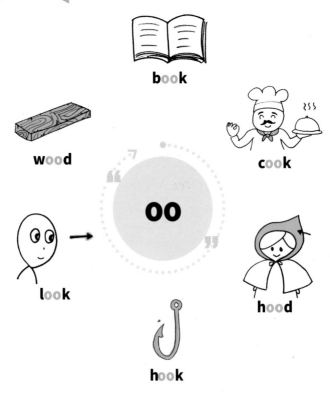

book

wood

cook

oo

look

hood

hook

New Sight Words

brother

- Those **hooks** are made of **wood**.

그 고리들은 나무로 만들었어.

- You **look** like your brother with your **hood** on.

너 모자 쓰니까 네 형 닮았어.

- I got this **book** from the **cook**.

나 이 책 그 요리사한테서 받은 거야.

oi

oil boil foil join moist point soil

soil

oil

boil

oi

point

foil

moist

join

New Sight Words

seems, well, us

- The soil seems moist enough.

흙은 충분히 촉촉한 것 같아.

- Wrap it well with foil and cook it in the boiling oil.

그거 포일로 잘 싸서 끓는 기름에다 넣어 익혀.

- "Join us!" he said as he pointed at me.

"같이 하자!" 그는 나를 가리키며 말했다.

oy

boy joy soy toy cloy Troy

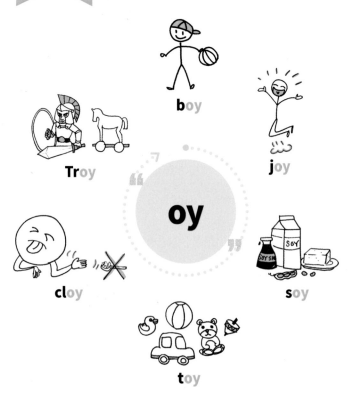

boy

joy

Troy

oy

cloy

soy

toy

New Sight Words

move, news, begun

- Boys love to play with toys that move.

남자아이들은 움직이는 장난감을 가지고 노는 걸 좋아한다.

- They jumped for joy at the news about Troy.

그들은 트로이 소식에 기뻐 날뛰었다.

- The soy milk has really begun to cloy.

그 두유 정말로 물리기 시작했어.

111

ou

outcast couch loud mouth pout
round proud shout

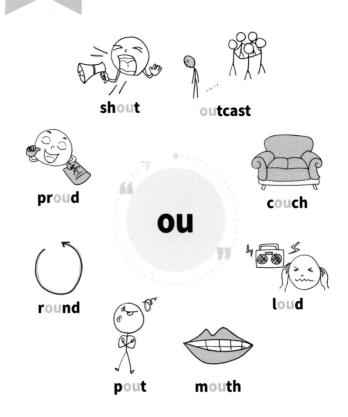

shout

outcast

proud

couch

ou

round

loud

pout

mouth

New Sight Words

though

- Open your **mouth** and **shout** out **loud**!

입을 벌리고 크게 소리 질러!

- His mom is **proud** of his grades even though he's an **outcast**.

그가 왕따인데도 그의 엄마는 아들의 성적만 자랑스러워한다.

- Stop **pouting** about the **round couch**.

둥근 소파 때문에 뿌루퉁해 있는 거 그만해.

ow②

bow cow scowl clown brown crowd
crown frown

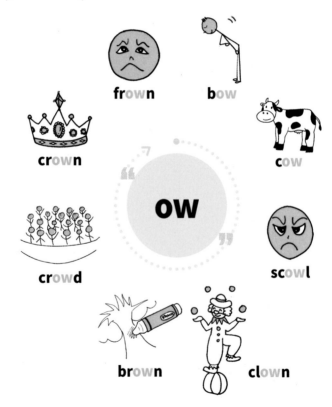

frown  bow

crown  cow

ow

crowd  scowl

brown  clown

New Sight Words

heard, sound

- They bowed down to the clown with a crown.

그들은 왕관을 쓴 광대에게 절했다.

- The crowd frowned and scowled at him.

사람들은 눈살을 찌푸리며 그를 노려보았다.

- We heard the sound of the brown cow.

우리는 그 갈색 소의 소리를 들었다.

113

au

daunt fault haunt vault flaunt fraud

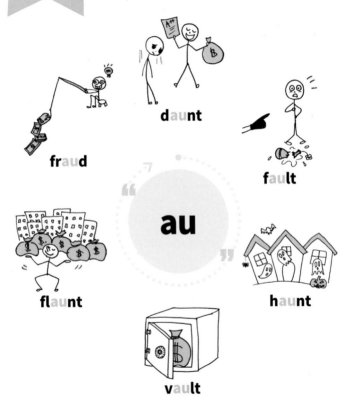

daunt

fraud

fault

au

flaunt

haunt

vault

New Sight Words

house, friends, were, themselves, full

- It's not my **f**au**lt** we ended up in the **h**au**nt**ed house!

우리가 귀신의 집까지 오게 된 건 내 잘못이 아니야!

- He felt **d**au**nt**ed when his friends **fl**au**nt**ed how rich they were.

그는 친구들이 자신이 얼마나 부자인지 자랑할 때 기가 죽었다.

- They got themselves a big **v**au**lt** full of gold by **fr**au**d**.

그들은 사기로 금이 가득 든 금고를 손에 넣었다.

114

aw

hawk jaw lawn paw draw yawn claw crawl

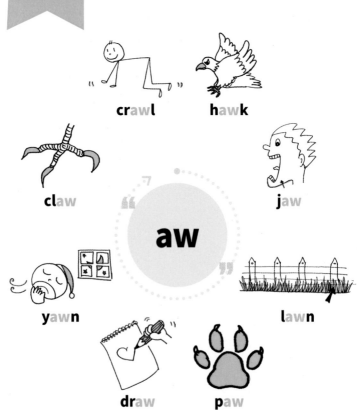

crawl hawk

claw jaw

aw

yawn lawn

draw paw

New Sight Words

family

- Now draw the claws of the hawk family.

이제 매 가족의 발톱을 그리세요.

- When you yawn, your jaws open wide.

하품할 때는 턱이 크게 벌어진다.

- They don't use their paws when they crawl on the lawn.

그들은 잔디 위를 기어갈 때 발을 사용하지 않는다.

all & alk

ball call tall wall small talk walk chalk

chalk

ball

walk

call

all & alk

talk

tall

small

wall

New Sight Words

kept

- I'll call and ask if they sell balls.

  내가 전화해서 거기 공 파는지 물어볼게.

- Walk along the tall walls.

  키 큰 담장을 따라 걸어가.

- We kept talking about the small chalk.

  우리는 그 작은 분필에 대해 계속 얘기했다.

ought & aught

bought / brought / fought / thought / caught / taught

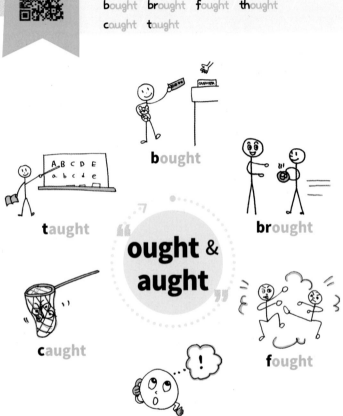

bought

taught

brought

ought & aught

caught

fought

thought

New Sight Words

you'd, didn't, who'd

- I **th**ought you'd **b**ought the oil. Didn't you?

  난 네가 기름 산 줄 알았지. 안 산 거야?

- He **c**aught a hawk and **br**ought it here.

  그는 매를 잡아서 이리로 데려왔어.

- We **f**ought over who'd **t**aught the boy to walk.

  우리는 누가 그 소년에게 걸음마를 가르쳤는지를 두고 싸웠다.

_y①

sky fly cry dry fry why

sky

why

fly

_y

fry

cry

dry

New Sight Words

they're

- The clouds look like they're **fl**y ing in the **sk**y!

구름들이 하늘을 날아다니는 것처럼 보여!

- **Wh**y are you **cr**y ing?

너 왜 울고 있어?

- Let the cut fruit **dr**y. Then **fr**y it in the oil.

자른 과일을 말린 다음 기름에 튀기세요.

_y②

happy sunny angry hungry candy
chubby lucky sleepy

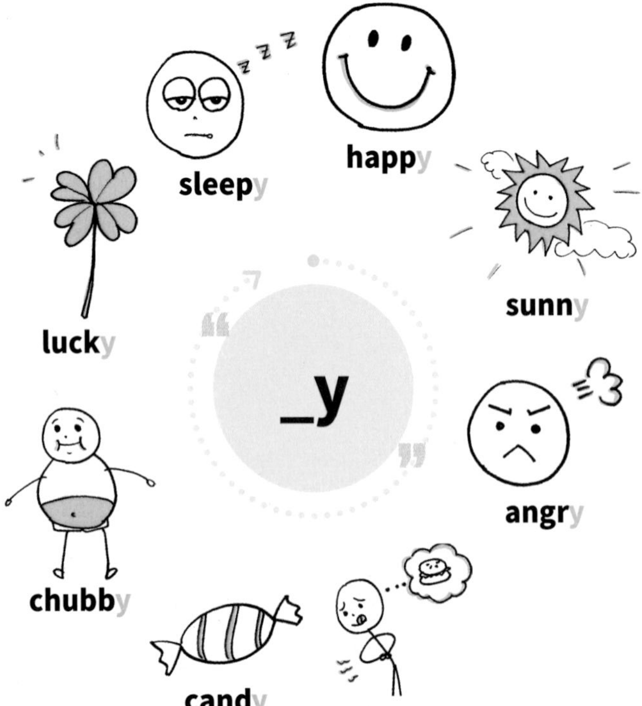

sleepy
happy
sunny
lucky
_y
angry
chubby
candy
hungry

New Sight Words

often

- Why do I get so **sleepy** when it's **sunny**?

나는 날씨가 화창할 때 왜 그렇게 잠이 오지?

- The **chubby** boy often gets **angry** when he's **hungry**.

그 통통한 소년은 배 고플 때 종종 화를 난다.

- You must be really **happy** to get the **lucky candy**!

행운의 사탕을 얻어서 너 정말 기쁘겠다!

Chapter 5

모음을 조종하는 보스, r!

Unit 119 ~ 127

119. ar
120. er
121. ir
122. ur
123. or
124. ore
125. our① & our②
126. ear & eer
127. air & are

* 모음 뒤에 r이 함께 오면 모음의 소리가 바뀌어요.

119

ar

ark arm dark far farm shark sharp start

start

ark

arm

sharp

ar

shark

dark

farm

far

New Sight Words

but, building

- There IS a **f**ar**m**, but it's **f**ar from here.

  농장이 있긴 한데, 여기서 멀어요.

- He **st**ar**t**ed building an ar**k** in the **d**ar**k**.

  그는 어둠 속에서 방주를 만들기 시작했다.

- The **sh**ar**k** has **sh**ar**p** teeth and it can bite your ar**m** off.

  그 상어는 뾰족한 이빨이 있어서 네 팔을 물어 뜯을수 있어.

120

er

insert perfect faster longer player
drinker eater printer

printer

insert

eater

perfect

er

drinker

faster

player

longer

New Sight Words

than, heavy

- Trains are **faster** than cars. They are **longer**, too!

기차는 차보다 빨라. 더 길기도 하고!

- **Insert** the chip into the **printer**. That's **perfect**!

프린터 안에 칩을 넣어. 완벽해!

- That baseball **player** is a big **eater** and a heavy **drinker**.

그 야구선수는 많이 먹고 많이 마신다.

ir

bird birthday dirty first girl skirt
chirp shirt

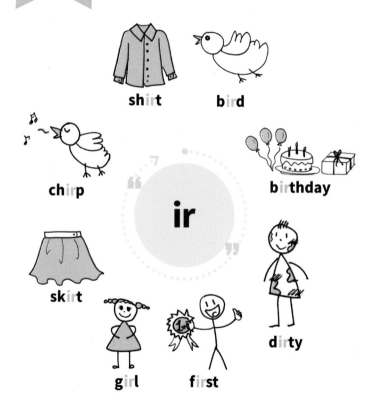

shirt bird

chirp birthday

ir

skirt dirty

girl first

New Sight Words

new, ones

- How do you like your **first birthday** party?

첫 번째 생일파티 마음에 드니?

- Take off your **dirty shirt** and **skirt** and put on the new ones.

더러운 셔츠랑 치마 벗고 새 걸로 입어.

- The **girl** watched the small **bird chirp**.

소녀는 그 작은 새가 지저귀는 것을 바라보았다.

ur

burger burnt hurt hurry purple
surf turn yogurt

yogurt  burger

turn burnt

ur

surf  hurt

purple  hurry

New Sight Words

while, during

- He got **h**ur**t** while he was **s**ur**f**ing.

그는 서핑 하다가 다쳤어.

- The **yog**ur**t t**ur**n**ed **p**ur**ple** during the night.

요거트는 밤 사이 보라색으로 변했다.

- Dad cooked the **b**ur**ger** in a **h**ur**ry** and **b**ur**nt** it.

아빠는 서둘러 버거를 요리하다 태워버렸다.

123

or

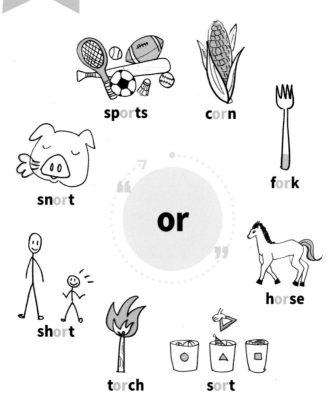

corn fork horse sort torch
short snort sports

sports corn fork

snort

or

horse

short torch sort

New Sight Words

son

- My son ran with a **torch** on **Sports** Day!

  내 아들이 운동회에서 횃불을 들고 달렸어요!

- **Sort** the **fork**s into long ones and **short** ones.

  포크를 긴 것과 짧은 것으로 나눠.

- The **horse snort**ed when the farmer gave him some **corn** to eat.

  농부가 옥수수를 먹이로 주자 말은 힝힝거렸다.

124

ore

bored more store snore chore shore ignore

bored

ignore

more

ore

shore

store

FRUIT

chore

snore

New Sight Words

couldn't, possibly

- There are more stores near the shore.

해안 근처에는 가게들이 더 많아요.

- If you're so bored, why don't you go and help her with some chores?

그렇게 심심하면 가서 그녀가 집안일 하는 걸 좀 돕지 그래?

- He snored so loudly that I couldn't possibly ignore it.

그가 코를 너무 크게 골아서 도저히 모른 척할 수가 없었어.

125

our① & our②

court fourth gourd pour hour sour flour

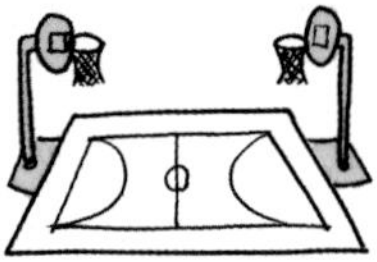

court

flour

fourth

our & our

sour

gourd

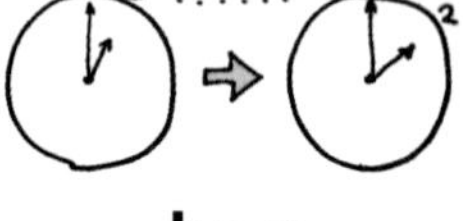

hour

pour

New Sight Words

gone, somewhat, leave

- The **g**our**d** has gone bad and it tastes somewhat **s**our now.

박이 상해서 뭔가 시큼한 맛이 나.

- **P**our the **fl**our and water into the bowl. Mix it well and leave it for an **h**our.

밀가루와 물을 큰 그릇에 부어 잘 섞은 후 한 시간 동안 그대로 두세요.

- All the **f**our**th** graders came to the **c**our**t**.

4학년 전체가 코트로 나왔다.

ear & eer

beard fear hear near tear deer cheer

beard

cheer

fear

ear &
eer

hear

deer

tear

near

New Sight Words

we're, could

* The **d**eer was caught by a man with a long **b**ear**d**.

사슴은 긴 턱수염을 한 남자에게 잡혔다.

* Wipe your **t**ears and **ch**eer up! We're always here for you.

눈물 닦고 기운 내! 우리는 항상 너와 함께야.

* He was so **n**ear that I could **h**ear him saying, "Do not **f**ear."

그와 너무 가까운 나머지 나는 그가 "두려워 말아라."하고 말하는 소리를 들을 수 있었다.

127

air & are

fair pair chair stairs bare share scared

Jenny = Sally

fair

pair

scared

air & are

share

chair

bare

stairs

New Sight Words

almost

- That's not **f**air! We all have to **sh**are the **ch**air!

그건 불공평해! 그 의자는 우리 다 같이 써야지!

- A **p**air of socks might be good for your **b**are feet.

네 맨발에는 양말 한 켤레가 좋겠구나.

- Oh, my God! You **sc**are**d** me! I almost fell off the **st**air**s**!

으악! 너 때문에 놀랐잖아! 나 계단에서 떨어질 뻔했어!

Chapter 6

이것까지 알면 진짜 파닉스 다했다!

Unit 128 ~ 135

128. scr & str
129. spr & spl
130. squ & shr
131. soft c
132. soft g
133. tion & sion
134. ture & sure
135. dge

* 알아두면 읽기가 더욱 쉬워지는 추가 패턴들을 알아 봐요

128 scr & str

scratch scrub scream

strong string stress stripe

scratch

stripe

scrub

scr & str

stress

scream

string

strong

New Sight Words

wouldn't

- Sometimes, crying and screaming can help blow your stress away.

  가끔은 울고 소리 지르는 것이 스트레스를 날려 버리는 데 도움이 될 수 있다.

- Add some strings and stripes. Now that's better.

  끈이랑 줄무늬를 좀 더해 봐. 훨씬 낫네.

- I scratched and scrubbed it, but it wouldn't come off. The glue was too strong.

  나는 그것을 긁고 문질렀지만, 풀이 너무 강력해서 그것을 제거할 수 없었다.

129

spr & spl

spring sprout spray sprain split splint

spring

splint

sprout

"spr & spl"

split

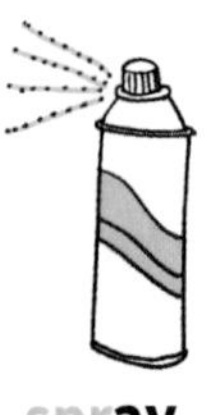

spray

sprain

New Sight Words

I'd

- In spring, seeds sprout and flowers bloom.

  봄에는 씨앗이 싹을 틔우고 꽃이 피어난다.

- They put a splint on my sprained wrist.

  그들은 내 삔 발목에 부목을 대었다.

- I'd like to have a banana split with some whipped cream sprayed on top!

  생크림을 올린 바나나 스플릿 먹을래요!

130

squ & shr

square squid squeeze squeak squirt
shrimp shrink shred

shred

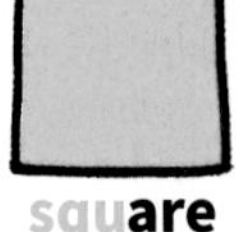

square

shrink

squid

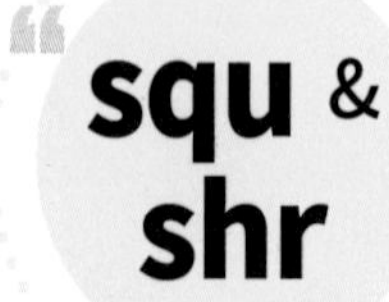

shrimp

squeeze

squirt

squeak

New Sight Words

please

- The **squid squirted** ink at the **shrimp**.

그 오징어는 새우를 향해 먹물을 내뿜었다.

- When I **squeezed** it, it **squeaked** and **shrank** down.

내가 그것을 쥐어짜자 그것은 찍 소리를 내며 작아졌다.

- **Shred** the **square**-shaped ham, please.

네모 모양 햄을 채 썰어 주세요.

soft c

face race slīce īce nīce place dance

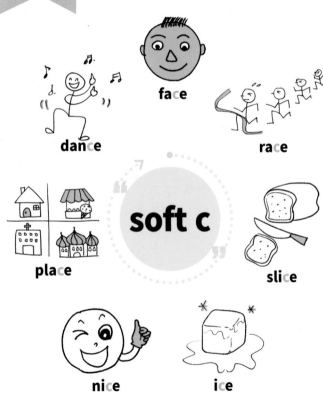

face

dance

race

soft c

place

slice

nice

ice

New Sight Words

across, town

- Would you like a **slice** of **ice** cream cake?

  아이스크림 케이크 한 조각 먹을래?

- His **face** turned red after the **race** across the town.

  마을 횡단 경주 후에 그의 얼굴은 벌겋게 달아올랐다.

- There's a **nice place** where you can drink, **dance** and make friends.

  술 마시고 춤도 추고 친구도 사귈 수 있는 좋은 곳이 있어.

soft g

age cage page wege stage gene

age

gene

cage

soft g

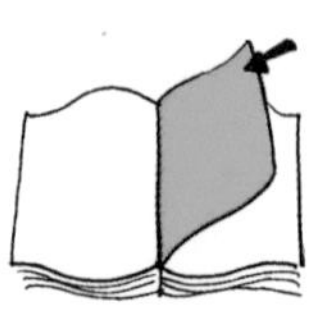

page

stage

wage

New Sight Words

given, pretty, work

- Given their **age**, their **wage**s must be pretty low.

  그들의 나이를 생각하면 임금이 꽤 낮을 거야.

- Go to **page** 10 and read about how **gene**s work.

  10쪽을 펼쳐서 유전자가 어떻게 기능하는지 읽어 보세요.

- I'd rather be locked in a **cage** than dance on that **stage**.

  나는 그 무대에서 춤 추느니 우리에 갇혀있는 쪽을 택하겠어.

133

tion & sion

fiction / section / invention / mention
decision / mansion

fiction

section

mansion

invention

decision

mention

New Sight Words

buy, people

- He DID **mention** something about the **invention**.

그가 그 발명에 대해 확실히 뭔가 말하기는 했어.

- You can find that book in the **fiction section** over there.

저쪽에 있는 소설 구역에서 그 책을 찾으실 수 있습니다.

- They made a **decision** to buy a large **mansion** for the people in need.

그들은 어려운 사람들을 위해 대저택을 사기로 결정했다.

ture & sure

picture mixture texture sculpture culture
treasure pleasure

pleasure

picture

mixture

"ture & sure"

treasure

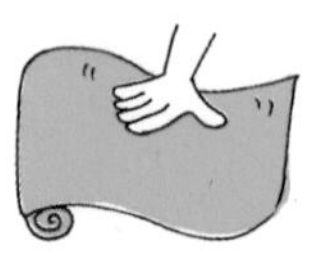

texture

culture

sculpture

New Sight Words

unique

- The **texture** of the **mixture** was soft and smooth.

그 혼합물의 질감은 부드럽고 매끄러웠다.

- Her **pictures** and **sculptures** show what's unique about her **culture**.

그녀의 그림과 조각품은 그녀가 속한 문화의 특이한 점을 보여준다.

- It gave him great **pleasure** to find the box of **treasure** in his backyard.

뒷마당에서 보물상자를 찾아낸 것은 그에게 큰 기쁨을 가져다주었다.

135
dge
edge / fudge / dodge / frìdge / nudge / lodge
edge
lodge
fudge
dge
dodge
nudge
fridge

New Sight Words

cool, behind

- Have some cool **fudge**. It's in the **fridge**.

차가운 퍼지 좀 먹어. 냉장고에 있어.

- I **nudged** him, but he **dodged** behind me.

나는 팔꿈치로 그를 찔렀지만, 그는 내 뒤로 재빨리 피했다.

- The old **lodge** was built on the **edge** of the cliff.

그 낡은 오두막은 그 벼랑 끝에 지어졌다.

Index

Sight Words

Index

Sight Words

A

B

C

D

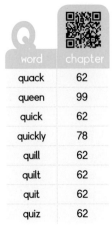

T

Sight Words

A

a, about, across, after, against, ago, all, almost, along, already, also, always, an, and, another, any, anyone, are, around, as, at, away

B

back, be, became, been, before, begun, behind, beside, best, better, bit, both, brother, building, built, but, buy, by

C

came, can, can't, children, Christmas, come, coming, cool, could, couldn't

D

day, decides, did, didn't, do, does, doesn't, don't, down, during

E

each, enough, even, every, everything

F

family, father, find, fine, for, found, friend, friends, from, full

G

gave, get, gets, give, given, gives, go, goes, going, gone, good, got, great, guess

H

had, has, have, he, he's, heard, heavy, help, helped, her, here, hi, him, his, house, how

I

I, I'd, I'll, I'm, if, in, into, is, isn't, it's

J

just

K

kept, known

L

large, leave, less, let, let's, like, likes, little, long, look, looking, looks, lot, love

M

made, make, makes, many, may, me, might, mind, mine, mom, more, move, Mrs., much, must, my

N

near, need, never, new, news, no, not, now

O

of, off, often, oh, OK, on, once, one, ones, only, onto, open, or, other, our, out, over

P

people, plays, please, possibly, pretty, put

Q

quite

R

rather, really

S

said, same, saw, say, see, seems, seen, seriously, she, she's, should, since, so, some, something, sometimes, somewhat, son, sound, still, stuck

T

take, than, that, that's, the, their, them, themselves, then, there, there's, these, they, they've, thing, things, this, those, though, through, time, to, together, too, took, town

U

under, unique, until, up, upon, us, use

V

very

W

want, wants, was, wasn't, watched, water, way, we, we'll, we're, we've, well, well, went, were, what, what's, when, where, which, while, who, who'd, why, will, wind, with, woman, won't, word, work, would, wouldn't, wrong

Y

years, yes, yet, you, you'd, you'll, you're, your, yours, yourself